MW00838223

RECETAS PARA DETENER LA INFLAMACIÓN

2022

MUCHAS RECETAS PARA PERDER PESO Y CURAR EL CUERPO

JUAN MONTERO

Tabla de contenido

Arroz con camarones y mantequilla de limón Porciones: 3 17

Ingredientes:... 17

Direcciones: 17

Horneado de camarones y lima con calabacín y maíz 19

Porciones: 4 19

Ingredientes:... 19

Direcciones: 20

Porciones de sopa de coliflor 21

Porciones: 10 21

Ingredientes:... 21

Direcciones: 21

Hamburguesas de camote y frijoles negros Porciones: 6 23

Ingredientes:... 23

Direcciones: 24

Porciones de sopa de champiñones y coco.. 26

Porciones: 3 26

Ingredientes:... 26

Direcciones: 26

Ensalada de frutas estilo invernal... 28

Porciones: 6 28

Ingredientes:... 28

Direcciones: 28

Muslos de pollo asados con miel y zanahorias Porciones: 4 30

Ingredientes:..30

Direcciones: 31

Porciones de chile de pavo 32

Porciones: 8 32

Ingredientes:..32

Direcciones: 33

Sopa De Lentejas Con Especias 34

Porciones: 5 34

Ingredientes:..34

Direcciones: 34

Pollo con ajo y verduras 36

Porciones: 4 36

Ingredientes:..36

Direcciones: 37

Ensalada de salmón ahumado Porciones: 4 38

Ingredientes:..38

Direcciones: 39

Ensalada de frijoles y shawarma Porciones: 2 40

Ingredientes:..40

Direcciones: 41

Porciones de arroz frito con piña 42

Porciones: 4 42

Ingredientes:..42

Direcciones: 43

Porciones de sopa de lentejas 44

Porciones: 2 44

Ingredientes:..44

Direcciones: 45

Deliciosa ensalada de atún porciones 46

Porciones: 2 46

Ingredientes: 46

Direcciones: 47

Alioli Con Huevos 48

Porciones: 12 48

Ingredientes: 48

Direcciones: 48

Espagueti con salsa de champiñones y hierbas Ingredientes: 50

Direcciones: 51

Sopa De Arroz Integral Y Shitake Miso Con Cebolletas 53

Ingredientes: 53

Trucha de mar a la brasa con aderezo de ajo y perejil 55

Ingredientes: 55

Direcciones: 55

Ingredientes de envolturas de garbanzos y coliflor al curry: 57

Direcciones: 58

Sopa de fideos de trigo sarraceno 60

Porciones: 4 60

Ingredientes: 60

Direcciones: 61

Ensalada fácil de salmón Porciones 62

Porciones: 1 62

Ingredientes: 62

Direcciones: 62

Porciones de sopa de verduras 64

Porciones: 4 64

Ingredientes: 64

Direcciones: 65

Raciones de camarones con ajo y limón 66

Porciones: 4 66

Ingredientes: 66

Direcciones: 66

Pechuga Con Queso Azul 68

Porciones: 6 68

Ingredientes: 68

Direcciones: 69

Soba fría con aderezo de miso 70

Ingredientes: 70

Direcciones: 71

Trozos de coliflor de búfalo al horno 72

Porciones: 2 72

Ingredientes: 72

Direcciones: 72

Pollo al horno con ajo, albahaca y tomates Porciones: 4 74

Ingredientes: 74

Direcciones: 75

Sopa cremosa de coliflor con cúrcuma Porciones: 4 76

Ingredientes: 76

Direcciones: 77

Arroz integral con champiñones, col rizada y camote 78

Ingredientes: 78

Receta de tilapia al horno con cobertura de nuez y romero 80

Ingredientes:..80

Wrap de tortilla de frijoles negros....................................82

Porciones: 2 82

Ingredientes:..82

Direcciones: 82

Pollo De Frijoles Blancos Con Verduras Verdes De Invierno 84

Ingredientes:..84

Direcciones: 85

Salmón al horno con hierbas..86

Porciones: 2 86

Ingredientes:..86

Direcciones: 86

Ensalada de pollo con yogur griego 88

Ingredientes:..88

Direcciones: 88

Ensalada de garbanzos machacados....................................89

Ingredientes:..89

Direcciones: 90

Porciones de Ensalada Valencia 91

Porciones: 10 91

Ingredientes:..91

Direcciones: 92

Porciones de sopa "Eat Your Greens" 93

Porciones: 4 93

Ingredientes:..93

Direcciones: 94

Salmón Miso Y Judías Verdes 95

Porciones: 4 95

Ingredientes: 95

Direcciones: 95

Sopa de puerro, pollo y espinacas 96

Porciones: 4 96

Ingredientes: 96

Direcciones: 97

Dark Choco Bombs 98

Porciones: 24 98

Ingredientes: 98

Direcciones: 98

Pimientos Rellenos Italianos 100

Porciones: 6 100

Ingredientes: 100

Direcciones: 101

Trucha ahumada envuelta en lechuga Porciones: 4 102

Ingredientes: 102

Direcciones: 103

Ingredientes de la ensalada de huevos diabólicos: 104

Direcciones: 104

Pollo al horno con sésamo y tamari con judías verdes 106

Ingredientes: 106

Direcciones: 106

Porciones de estofado de pollo con jengibre: 6 108

Ingredientes: 108

Direcciones: 109

Ingredientes de la ensalada cremosa de garbano: 110

Direcciones: 111

Tallarines De Zanahoria Con Salsa De Maní, Jengibre Y Lima 113

Ingredientes: 113

Direcciones: 114

Verduras Asadas Con Boniato Y Frijoles Blancos 115

Ingredientes: 115

Direcciones: 116

Porciones de ensalada de col rizada 117

Porciones: 1 117

Ingredientes: 117

Direcciones: 117

Vaso refrigerado de coco y avellana Porciones: 1 119

Ingredientes: 119

Direcciones: 119

Brócoli, coliflor y tofu especiados con cebolla morada 120

Ingredientes: 120

Direcciones: 121

Frijoles y salmón 122

Porciones: 4 122

Ingredientes: 122

Direcciones: 123

Porciones de sopa de zanahoria 124

Porciones: 4 124

Ingredientes: 124

Direcciones: 125

Porciones de ensalada de pasta saludable 126

Porciones: 6 126

Ingredientes:..126

Direcciones: 126

Porciones de curry de garbanzos 128

Porciones: 4 128

Ingredientes:..128

Direcciones: 129

Ingredientes de Stroganoff de carne molida:..............................130

Direcciones: 130

Porciones de costillas con salsa 132

Porciones: 4 132

Ingredientes:..132

Direcciones: 133

Sopa de pollo y fideos sin gluten 134

Porciones: 4 134

Ingredientes:..134

Porciones de lentejas al curry..136

Porciones: 4 136

Ingredientes:..136

Direcciones: 137

Pollo y guisantes salteados..139

Porciones: 4 139

Ingredientes:..139

Direcciones: 140

Jugoso Broccolini Con Anchoas Almendras Porciones: 6 141

Ingredientes:..141

Direcciones: 141

Pattie de shiitake y espinacas 143

Porciones: 8 143

Ingredientes: 143

Direcciones: 144

Ensalada de brócoli y coliflor 145

Porciones: 6 145

Ingredientes: 145

Direcciones: 146

Ensalada de pollo con toque chino 148

Porciones: 3 148

Ingredientes: 148

Direcciones: 149

Pimientos Rellenos De Quinoa Y Amaranto Porciones: 4 151

Ingredientes: 151

Filete de pescado crujiente con costra de queso Porciones: 4 153

Ingredientes: 153

Direcciones: 153

Frijoles proteicos y cáscaras rellenas verdes 155

Ingredientes: 155

Ingredientes de ensalada de fideos asiáticos: 158

Direcciones: 159

Porciones de salmón y judías verdes 160

Porciones: 4 160

Ingredientes: 160

Direcciones: 161

Ingredientes de pollo relleno con queso: 162

Direcciones: 163

Rúcula con aderezo de gorgonzola 164

Porciones: 4 164

Ingredientes: 164

Direcciones: 165

Porciones de sopa de repollo 166

Porciones: 6 166

Ingredientes: 166

Porciones de arroz con coliflor 167

Porciones: 4 167

Ingredientes: 167

Direcciones: 167

Porciones de queso feta frittata y espinacas 169

Porciones: 4 169

Ingredientes: 169

Direcciones: 169

Ingredientes de las pegatinas de olla de pollo ardiente: 171

Direcciones: 172

Camarones al ajillo con coliflor arenilla Porciones: 2 173

Ingredientes: 173

Direcciones: 174

Atún con brócoli 175

Porciones: 1 175

Ingredientes: 175

Direcciones: 175

Sopa de calabaza butternut con camarones Porciones: 4 177

Ingredientes: 177

Direcciones: 178

Sabrosas bolas de pavo al horno Porciones: 6 179

Ingredientes: 179

Direcciones: 179

Porciones de sopa clara de almejas 181

Porciones: 4 181

Ingredientes: 181

Direcciones: 182

Porciones de arroz y pollo en olla 183

Porciones: 4 183

Ingredientes: 183

Direcciones: 184

Jambalaya Jumble de camarones salteados Porciones: 4 186

Ingredientes: 186

Porciones de pollo con chile 188

Porciones: 6 188

Ingredientes: 188

Direcciones: 189

Porciones de sopa de ajo y lentejas 190

Porciones: 4 190

Ingredientes: 190

Zesty Zucchini & Chicken In Classic Santa Fe Stir-fry (Salteado clásico de Santa Fe) 192

Ingredientes: 192

Direcciones: 193

Tacos de tilapia con impresionante ensalada de jengibre y sésamo 194

Ingredientes: 194

Direcciones: 195

Estofado de lentejas al curry 196

Porciones: 4 196

Ingredientes: 196

Direcciones: 197

Ensalada César De Col Rizada Con Wrap De Pollo A La Parrilla 198

Porciones: 2 198

Ingredientes: 198

Direcciones: 199

Ensalada de frijoles y espinacas Porciones: 1 200

Ingredientes: 200

Direcciones: 200

Salmón en costra con nueces y romero Porciones: 6 201

Ingredientes: 201

Direcciones: 202

Camote al horno con salsa roja Tahini Porciones: 4 203

Ingredientes: 203

Direcciones: 204

Porciones de sopa italiana de calabaza de verano 205

Porciones: 4 205

Ingredientes: 205

Direcciones: 206

Porciones de sopa de azafrán y salmón 207

Porciones: 4 207

Ingredientes: 207

Sopa de champiñones y camarones picantes y agrios con sabor tailandés
.... 209

Ingredientes: 209

Direcciones: 210

Orzo con tomates secos Ingredientes:...212

Direcciones: 212

Porciones de sopa de champiñones y remolacha 214

Porciones: 4 214

Ingredientes:...214

Direcciones: 215

Ingredientes de albóndigas de pollo y parmesano:............................216

Direcciones: 216

Ingredientes de Albóndigas Alla Parmigiana: 218

Direcciones: 219

Arroz con camarones y mantequilla de limón

Porciones: 3

Tiempo de cocción: 10 minutos

Ingredientes:

¼ taza de arroz salvaje cocido

½ cucharadita Mantequilla, dividida

¼ de cucharadita aceite de oliva

1 taza de camarones crudos, sin cáscara, desvenados y escurridos ¼ taza de guisantes congelados, descongelados, enjuagados y escurridos

1 cucharada. jugo de limón recién exprimido

1 cucharada. cebollino, picado

Pizca de sal marina, al gusto

Direcciones:

1. Vierta ¼ de cucharadita. Ponga mantequilla y aceite en un wok a fuego medio. Agregue los camarones y los guisantes. Saltee hasta que los camarones sean de color rosa coral, alrededor de 5 a 7

minutos.

2. Agregue el arroz salvaje y cocine hasta que esté bien caliente; sazone con sal y mantequilla.

3. Transfiera a un plato. Espolvoree cebolletas y jugo de limón por encima.

Atender.

Información nutricional: Calorías 510 Carbohidratos: 0 g Grasas: 0 g Proteínas: 0 g

Horneado de camarones y lima con calabacín y maíz

Porciones: 4

Tiempo de cocción: 20 minutos

Ingredientes:

1 cucharada de aceite de oliva extra virgen

2 calabacines pequeños, cortados en dados de ¼ de pulgada

1 taza de granos de elote congelados

2 cebolletas, en rodajas finas

1 cucharadita de sal

½ cucharadita de comino molido

½ cucharadita de chile chipotle en polvo

1 libra de camarones pelados, descongelados si es necesario

1 cucharada de cilantro fresco finamente picado

Ralladura y jugo de 1 lima

Direcciones:

1. Precaliente el horno a 400 ° F. Engrasa la bandeja para hornear con aceite.

2. En la bandeja para hornear, combine el calabacín, el maíz, las cebolletas, la sal, el comino y el chile en polvo y mezcle bien. Organizar en una sola capa.

3. Agregue los camarones encima. Ase dentro de 15 a 20 minutos.

4. Ponga el cilantro y la ralladura de limón y el jugo, revuelva para combinar y sirva.

Información nutricional: Calorías 184 Grasa total: 5 g Carbohidratos totales: 11 g Azúcar: 3 g Fibra: 2 g Proteína: 26 g Sodio: 846 mg

Porciones de sopa de coliflor

Porciones: 10

Tiempo de cocción: 10 minutos

Ingredientes:

¾ taza de agua

2 cucharadita de aceite de oliva

1 cebolla cortada en cubitos

1 cabeza de coliflor, solo los floretes

1 lata de leche de coco entera

1 cucharadita de cúrcuma

1 cucharadita de jengibre

1 cucharadita de miel cruda

Direcciones:

1. Ponga todas las fijaciones en una olla grande y hierva durante aproximadamente 10

minutos.

2. Use una licuadora de inmersión para licuar y suavizar la sopa.

Atender.

<u>Información nutricional:</u> Carbohidratos totales 7 g Fibra dietética: 2 g Carbohidratos netos: Proteínas: 2 g Grasas totales: 11 g Calorías: 129

Hamburguesas de camote y frijoles negros

Porciones: 6

Tiempo de cocción: 10 minutos

Ingredientes:

1/2 jalapeño, sin semillas y cortado en cubitos

1/2 taza de quinua

6 panes de hamburguesa integrales

1 lata de frijoles negros, enjuagados y escurridos

Aceite de oliva / aceite de coco, para cocinar

1 batata

1/2 taza de cebolla morada, cortada en cubitos

4 cucharadas de harina de avena sin gluten

2 dientes de ajo picados

2 cucharaditas de condimento cajún picante

1/2 taza de cilantro picado

1 cucharadita de comino

Coles

Sal al gusto

Pimienta al gusto

Para la Crema:

2 cucharadas de cilantro picado

1/2 aguacate maduro, cortado en cubitos

4 cucharadas de crema agria baja en grasa / yogur griego natural 1 cucharadita de jugo de lima

Direcciones:

1. Enjuague la quinua con agua corriente fría. Pon una taza de agua en una cacerola y caliéntala. Agregue la quinua y deje hervir.

2. Cubra, luego cocine a fuego lento hasta que toda el agua se haya absorbido, durante unos 15 minutos.

3. Apague el fuego y esponje la quinua con un tenedor. Luego transfiera la quinua a un tazón y déjela enfriar durante 5-10 minutos.

4. Pinche la papa con un tenedor y luego cocine en el microondas por unos minutos, hasta que esté completamente cocida y suave. Una vez cocida, pela la patata y déjala enfriar.

5. Agregue la papa cocida a un procesador de alimentos junto con 1 lata de frijoles negros, ½ taza de cilantro picado, 2 cucharaditas de condimento Cajun, ½

taza de cebolla picada, 1 cucharadita de comino y 2 dientes de ajo picados.

Pulsa hasta obtener una mezcla homogénea. Transfiera a un bol y agregue la quinua cocida.

6. Agregue harina de avena / salvado de avena. Mezclar bien y formar 6 hamburguesas. Coloque las empanadas en una bandeja para hornear y refrigere durante aproximadamente media hora.

7. Agregue todos los ingredientes de Crema a un procesador de alimentos. Pulsa hasta que quede suave. Ajuste la sal al gusto y refrigere.

8. Engrase una sartén con aceite y caliéntela a fuego medio.

Cocine cada lado de las hamburguesas hasta que estén ligeramente doradas, solo durante 3-4 minutos.

Sirva con crema, brotes, bollos y junto con cualquiera de sus ingredientes favoritos.

Información nutricional: 206 calorías 6 g de grasa 33,9 g de carbohidratos totales 7,9 g de proteína

Porciones de sopa de champiñones y coco

Porciones: 3

Tiempo de cocción: 10 minutos

Ingredientes:

1 cucharada de aceite de coco

1 cucharada de jengibre molido

1 taza de champiñones cremini, picados

½ cucharadita de cúrcuma

2 y ½ tazas de agua

½ taza de leche de coco enlatada

Sal marina al gusto

Direcciones:

1. Caliente el aceite de coco a fuego medio en una olla grande y agregue los champiñones. Cocine por 3-4 minutos.

2. Ponga el resto de las fijaciones y hierva. Déjelo hervir a fuego lento durante 5 minutos.

3. Divida entre tres tazones de sopa y ¡disfrútelo!

Información nutricional: Carbohidratos totales 4 g Fibra dietética: 1 g Proteína: 2 g Grasa total: 14 g Calorías: 143

Ensalada de frutas estilo invernal

Porciones: 6

Tiempo de cocción: 0 minutos

Ingredientes:

4 batatas cocidas, en cubos (cubos de 1 pulgada) 3 peras, en cubos (cubos de 1 pulgada)

1 taza de uvas, cortadas por la mitad

1 manzana en cubos

½ taza de mitades de nueces

2 cucharadas de aceite de oliva

1 cucharada de vinagre de vino tinto

2 cucharadas de miel cruda

Direcciones:

1. Mezclar el aceite de oliva, el vinagre de vino tinto, luego la miel cruda para hacer el aderezo y reservar.

2. Combine la fruta picada, la batata y las nueces en mitades, y divida esto en seis tazones para servir. Rocíe cada tazón con el aderezo.

Información nutricional: Carbohidratos totales 40 g Fibra dietética: 6 g Proteínas: 3 g Grasas totales: 11 g Calorías: 251

Muslos de pollo asados con miel y zanahorias

Porciones: 4

Tiempo de cocción: 50 minutos

Ingredientes:

2 cucharadas de mantequilla sin sal, a temperatura ambiente 3 zanahorias grandes, en rodajas finas

2 dientes de ajo picados

4 muslos de pollo con hueso y piel

1 cucharadita de sal

½ cucharadita de romero seco

¼ de cucharadita de pimienta negra recién molida

2 cucharadas de miel

1 taza de caldo de pollo o caldo de verduras

Rodajas de limón, para servir

Direcciones:

1. Precaliente el horno a 400 ° F. Engrasa la bandeja para hornear con mantequilla.

2. Coloque las zanahorias y el ajo en una sola capa sobre la bandeja para hornear.

3. Ponga el pollo con la piel hacia arriba sobre las verduras y sazone con sal, romero y pimienta.

4. Ponga la miel encima y agregue el caldo.

5. Ase dentro de 40 a 45 minutos. Retirar y dejar reposar durante 5

minutos y sirva con rodajas de limón.

Información nutricional: Calorías 428 Grasa total: 28 g Carbohidratos totales: 15 g Azúcar: 11 g Fibra: 2 g Proteína: 30 g Sodio: 732 mg

Porciones de chile de pavo

Porciones: 8

Tiempo de cocción: 4 horas y 10 minutos.

Ingredientes:

1 libra de pavo molido, preferiblemente 99% magro

2 latas de frijoles rojos, enjuagados y escurridos (15 oz cada uno) 1 pimiento rojo picado

2 latas de salsa de tomate (15 oz cada una)

1 frasco de pimientos jalapeños domesticados en rodajas, escurridos (16 oz) 2 latas de tomates pequeños, cortados en cubitos (15 oz cada uno) 1 cucharada de comino

1 pimiento amarillo, picado en trozos grandes

2 latas de frijoles negros, preferiblemente enjuagados y escurridos (15 oz cada uno) 1 taza de maíz, congelado

2 cucharadas de chile en polvo

1 cucharada de aceite de oliva

Pimienta negra y sal al gusto

1 cebolla mediana, cortada en cubitos

Cebollas verdes, aguacate, queso rallado, yogur griego / crema agria, por encima, opcional

Direcciones:

1. Caliente el aceite hasta que esté caliente en una sartén grande. Una vez hecho esto, coloque con cuidado el pavo en la sartén caliente y cocine hasta que se dore. Vierta el pavo en el fondo de su olla de cocción lenta, preferiblemente 6 cuartos de galón.

2. Agregue los jalapeños, el maíz, los pimientos, la cebolla, los tomates cortados en cubitos, la salsa de tomate, los frijoles, el comino y el chile en polvo. Mezclar, luego poner pimienta y sal al gusto.

3. Tape y cocine durante 6 horas a fuego lento o 4 horas a fuego alto.

Sirva con las coberturas opcionales y disfrútelo.

Información nutricional: kcal 455 Grasas: 9 g Fibra: 19 g Proteínas: 38 g

Sopa De Lentejas Con Especias

Porciones: 5

Tiempo de cocción: 25 minutos

Ingredientes:

1 taza de cebolla amarilla (cortada en cubos)

1 taza de zanahoria (cortada en cubos)

1 taza de nabo

2 cucharadas de aceite de oliva extra virgen

2 cucharadas de vinagre balsámico

4 tazas de espinacas tiernas

2 tazas de lentejas marrones

¼ de taza de perejil fresco

Direcciones:

1. Precaliente la olla a presión a fuego medio y agregue aceite de oliva y verduras.

2. Después de 5 minutos, agregue el caldo, las lentejas y la sal en la olla y cocine a fuego lento durante 15 minutos.

3. Retire la tapa y agregue espinacas y vinagre.

4. Revuelva la sopa durante 5 minutos y apague la llama.

5. Adorne con perejil fresco.

Información nutricional: Calorías 96 Carbohidratos: 16 g Grasas: 1 g Proteínas: 4 g

Pollo con ajo y verduras

Porciones: 4

Tiempo de cocción: 45 minutos

Ingredientes:

2 cucharaditas de aceite de oliva extra virgen

1 puerro, solo la parte blanca, en rodajas finas

2 calabacines grandes, cortados en rodajas de ¼ de pulgada

4 pechugas de pollo con hueso y piel

3 dientes de ajo picados

1 cucharadita de sal

1 cucharadita de orégano seco

¼ de cucharadita de pimienta negra recién molida

½ taza de vino blanco

Jugo de 1 limón

Direcciones:

1. Precaliente el horno a 400 ° F. Engrasa la bandeja para hornear con aceite.

2. Coloque el puerro y el calabacín en la bandeja para hornear.

3. Coloque el pollo con la piel hacia arriba y espolvoree con el ajo, la sal, el orégano y la pimienta. Agrega el vino.

4. Ase dentro de 35 a 40 minutos. Retirar y dejar reposar durante 5 minutos.

5. Agregue el jugo de limón y sirva.

Información nutricional: Calorías 315 Grasa total: 8 g Carbohidratos totales: 12 g Azúcar: 4 g Fibra: 2 g Proteína: 44 g Sodio: 685 mg

Ensalada de salmón ahumado Porciones: 4

Tiempo de cocción: 20 minutos

Ingredientes:

2 bulbos de hinojo baby, en rodajas finas, algunas hojas reservadas 1 cucharada de alcaparras baby saladas, enjuagadas y escurridas ½ taza de yogur natural

2 cucharadas de perejil picado

1 cucharada de jugo de limón recién exprimido

2 cucharadas de cebolletas frescas picadas

1 cucharada de estragón fresco picado

180g de salmón ahumado en rodajas, bajo en sal

½ cebolla morada, en rodajas finas

1 cucharadita de cáscara de limón finamente rallada

½ taza de lentejas verdes francesas, enjuagadas

60 g de espinacas tiernas frescas

½ aguacate, en rodajas

Una pizca de azúcar en polvo

Direcciones:

1. Ponga agua en una cacerola grande con agua y hierva a fuego moderado. Una vez hirviendo; cocine las lentejas hasta que estén tiernas, durante 20 minutos; escurrir bien.

2. Mientras tanto, caliente una sartén para carbón a fuego alto con anticipación.

Rocíe las rodajas de hinojo con un poco de aceite y cocine hasta que estén tiernas, por 2

minutos por lado.

3. Procese las cebolletas, el perejil, el yogur, el estragón, la cáscara de limón y las alcaparras en un procesador de alimentos hasta que estén completamente suaves y luego sazone con pimienta al gusto.

4. Coloque la cebolla con el azúcar, el jugo y una pizca de sal en un tazón grande para mezclar. Dejar reposar un par de minutos y luego escurrir.

5. Combine las lentejas con la cebolla, el hinojo, el aguacate y las espinacas en un tazón grande para mezclar. Divida uniformemente entre los platos y luego cubra con el pescado. Espolvoree con las hojas de hinojo sobrantes y más de perejil fresco. Rocíe con el aderezo verde de la diosa. Disfrutar.

Información nutricional: kcal 368 Grasas: 14 g Fibra: 8 g Proteínas: 20 g

Ensalada de frijoles y shawarma Porciones: 2

Tiempo de cocción: 20 minutos

Ingredientes:

Para preparar ensalada

20 chips de pita

5 onzas de lechuga de primavera

10 tomates cherry

¾ Taza de perejil fresco

¼ de taza de cebolla morada (picada)

Para garbanzos

1 cucharada de aceite de oliva

1 cucharada de comino y cúrcuma

½ cucharada de pimentón y cilantro en polvo 1 pizca de pimienta negra

½ sal escasa kosher

¼ de cucharada de jengibre y canela en polvo

Para preparar el apósito

3 dientes de ajo

1 cucharada de taladro seco

1 cucharada de jugo de lima

Agua

½ taza de hummus

Direcciones:

1. Coloque una rejilla en el horno ya precalentado (204C). Mezcle los garbanzos con todas las especias y hierbas.

2. Coloque una capa fina de garbanzos en la bandeja para hornear y hornee por casi 20 minutos. Hornéalo hasta que los frijoles estén dorados.

3. Para preparar el aderezo, mezcle todos los ingredientes en un recipiente para batir y licue. Agregue agua gradualmente para obtener una suavidad adecuada.

4. Mezcle todas las hierbas y especias para preparar la ensalada.

5. Para servir, agregue chips de pita y frijoles en la ensalada y rocíe un poco de aderezo.

Información nutricional: Calorías 173 Carbohidratos: 8 g Grasas: 6 g Proteínas: 19 g

Porciones de arroz frito con piña

Porciones: 4

Tiempo de cocción: 20 minutos

Ingredientes:

2 zanahorias, peladas y ralladas

2 cebollas verdes, en rodajas

3 cucharadas de salsa de soja

1/2 taza de jamón cortado en cubitos

1 cucharada de aceite de sésamo

2 tazas de piña enlatada / fresca, cortada en cubitos

1/2 cucharadita de jengibre en polvo

3 tazas de arroz integral cocido

1/4 cucharadita de pimienta blanca

2 cucharadas de aceite de oliva

1/2 taza de guisantes congelados

2 dientes de ajo picados

1/2 taza de maíz congelado

1 cebolla cortada en cubitos

Direcciones:

1. Ponga 1 cucharada de aceite de sésamo, 3 cucharadas de salsa de soja, 2 pizcas de pimienta blanca y 1/2 cucharadita de jengibre en polvo en un tazón. Mezclar bien y reservar.

2. Precaliente el aceite en una sartén. Agrega el ajo junto con la cebolla picada.

Cocine durante unos 3-4 minutos, revolviendo con frecuencia.

3. Agregue 1/2 taza de guisantes congelados, zanahorias ralladas y 1/2 taza de maíz congelado.

Revuelva hasta que las verduras estén tiernas, solo por unos minutos.

4. Agregue la mezcla de salsa de soja, 2 tazas de piña picada, ½ taza de jamón picado, 3 tazas de arroz integral cocido y cebollas verdes en rodajas.

Cocine durante unos 2-3 minutos, revolviendo con frecuencia. ¡Atender!

Información nutricional: 252 calorías 12,8 g de grasa 33 g de carbohidratos totales 3 g de proteína

Porciones de sopa de lentejas

Porciones: 2

Tiempo de cocción: 30 minutos

Ingredientes:

2 zanahorias, medianas y cortadas en cubitos

2 cucharadas. Zumo de Limón, fresco

1 cucharada. Polvo de cúrcuma

1/3 taza de lentejas cocidas

1 cucharada. Almendras picadas

1 tallo de apio, cortado en cubitos

1 manojo de perejil recién picado

1 cebolla amarilla, grande y picada

Pimienta negra recién molida

1 chirivía, mediana y picada

½ cucharadita Comino en polvo

3 ½ tazas de agua

½ cucharadita Sal rosada del Himalaya

4 hojas de col rizada, picadas aproximadamente

Direcciones:

1. Para empezar, coloque las zanahorias, la chirivía, una cucharada de agua y la cebolla en una olla mediana a fuego medio.

2. Cocine la mezcla de verduras durante 5 minutos mientras la revuelve de vez en cuando.

3. Luego, agregue las lentejas y las especias. Combine bien.

4. Después de eso, vierta agua en la olla y hierva la mezcla.

5. Ahora, reduzca el fuego a bajo y déjelo hervir a fuego lento durante 20 minutos.

6. Apague el fuego y retírelo del fuego. Agregue la col rizada, el jugo de limón, el perejil y la sal.

7. Luego, revuelva bien hasta que todo se junte.

8. Cúbralo con almendras y sírvalo caliente.

Información nutricional: Calorías: 242KcalProteínas: 10g Carbohidratos: 46g Grasas: 4g

Deliciosa ensalada de atún porciones

Porciones: 2

Tiempo de cocción: 15 minutos

Ingredientes:

2 latas de atún envasadas en agua (5 oz cada una), escurridas ¼ de taza de mayonesa

2 cucharadas de albahaca fresca picada

1 cucharada de jugo de limón recién exprimido

2 cucharadas de pimientos rojos asados al fuego, picados ¼ taza de aceitunas kalamata o mixtas, picadas

2 tomates grandes maduros en rama

1 cucharada de alcaparras

2 cucharadas de cebolla morada picada

Pimienta y sal al gusto

Direcciones:

1. Agregue todos los elementos (excepto los tomates) en un tazón grande para mezclar; revuelva bien los ingredientes hasta que se combinen bien.

Corta los tomates en sextos y luego haz palanca con cuidado para abrirlos. Coloque la mezcla de ensalada de atún preparada en el medio; sirva inmediatamente y disfrute.

Información nutricional: kcal 405 Grasas: 24 g Fibra: 3,2 g Proteínas: 37 g

Alioli Con Huevos

Porciones: 12

Tiempo de cocción: 0 minutos

Ingredientes:

2 yemas de huevo

1 ajo rallado

2 cucharadas. agua

½ taza de aceite de oliva virgen extra

¼ de taza de jugo de limón, recién exprimido, sin pepitas ¼ de cucharadita. sal marina

Una pizca de pimienta de cayena en polvo

Pizca de pimienta blanca, al gusto

Direcciones:

1. Vierta el ajo, las yemas de huevo, la sal y el agua en la licuadora; procesar hasta que quede suave. Poner aceite de oliva a chorro lento hasta que emulsione el aderezo.

2. Agregue los ingredientes restantes. Sabor; ajuste el condimento si es necesario.

Vierta en un recipiente hermético; utilizar según sea necesario.

Información nutricional: Calorías 100 Carbohidratos: 1 g Grasas: 11 g Proteínas: 0 g

Espagueti con salsa de champiñones y hierbas

Ingredientes:

200 gramos / 6.3 oz alrededor de una gran porción de un paquete de espaguetis finos de trigo *

140 gramos de champiñones cortados y limpios 12-15 piezas *

¼ taza de crema

3 tazas de leche

2 cucharadas de aceite de oliva para cocinar además de 2 cucharaditas más de aceite o margarina licuada para incluir 1,5 cucharadas de harina a la mitad

½ taza de cebollas picadas

¼ a ½ taza de queso cheddar parmesano molido crujiente

Un par de trozos de pimienta negra

Sal al gusto

2 cucharaditas de tomillo seco o nuevo *

Manojo de hojas de albahaca nuevas chiffonade

Direcciones:

1. Cocine la pasta todavía algo firme como lo indica el paquete.

2. Mientras se cocina la pasta, debemos comenzar a hacer la salsa.

3. Caliente las 3 tazas de leche en el microondas durante 3 minutos o en la estufa hasta que quede un guiso.

4. Al mismo tiempo calentar 2 cucharadas de aceite en un recipiente antiadherente a fuego medio alto y cocinar los champiñones cortados. Cocine por alrededor de 2

minutos.

5. Desde el principio, los champiñones descargarán algo de agua, luego se evaporará a largo plazo y se volverán frescos cada uno.

6. Luego, baje el fuego a medio, incluya las cebollas y cocine por 1 momento.

7. Incluya ahora 2 cucharaditas de crema para untar suavizada y espolvoree un poco de harina.

8. Mezclar durante 20 segundos.

9. Incluya la leche tibia mezclando constantemente para formar una salsa suave.

10. Cuando la salsa espese, es decir, se convierta en un guiso, apague el fuego.

11. Incluya ahora ¼ de taza de queso cheddar de parmesano molido. Mezclar hasta que quede suave. Durante 30 segundos.

12. Incluya ahora la sal, la pimienta y el tomillo.

13. Haz una prueba. Modifique el saborizante si es necesario.

14. Mientras tanto, la pasta debe burbujear todavía algo firme.

15. Cuele el agua tibia en un colador. Mantener el grifo abierto y verter agua fría para detener su cocción, canalizar toda el agua y echarla con la salsa.

16. Si no come rápidamente, no mezcle la pasta con la salsa. Mantenga la pasta separada, cubierta con aceite y asegurada.

17. Sirva caliente con más pizca de queso cheddar parmesano.

¡Agradecer!

Sopa De Arroz Integral Y Shitake Miso Con Cebolletas

Porciones: 4

Tiempo de cocción: 45 minutos

Ingredientes:

2 cucharadas de aceite de sésamo

1 taza de tapas de hongos shiitake en rodajas finas

1 diente de ajo picado

1 pieza (1½ pulgada) de jengibre fresco, pelado y en rodajas 1 taza de arroz integral de grano mediano

½ cucharadita de sal

1 cucharada de miso blanco

2 cebolletas, en rodajas finas

2 cucharadas de cilantro fresco finamente picado Direcciones:

1. Caliente el aceite a fuego medio-alto en una olla grande.

2. Agregue los champiñones, el ajo y el jengibre y saltee hasta que los champiñones comiencen a ablandarse unos 5 minutos.

3. Ponga el arroz y revuelva para cubrir con el aceite uniformemente. Agregue 2 tazas de agua y sal y hierva.

4. Cocine a fuego lento entre 30 y 40 minutos. Use un poco de caldo de sopa para ablandar el miso, luego revuélvalo en la olla hasta que esté bien mezclado.

5. Mezcle las cebolletas más el cilantro y sirva.

Información nutricional: Calorías 265 Grasa total: 8 g Carbohidratos totales: 43 g Azúcar: 2 g Fibra: 3 g Proteína: 5 g Sodio: 456 mg

Trucha de mar a la brasa con aderezo de ajo y perejil

Porciones: 8

Tiempo de cocción: 25 minutos

Ingredientes:

3 ½ libras de filete de trucha, preferiblemente trucha marina, deshuesada y con piel

4 dientes de ajo, cortados en rodajas finas

2 cucharadas de alcaparras, picadas en trozos grandes

½ taza de hojas de perejil de hoja plana, frescas

1 chile rojo, preferiblemente largo; en rodajas finas 2 cucharadas de jugo de limón, recién exprimido ½ taza de aceite de oliva

Rodajas de limón, para servir

Direcciones:

1. Unte las truchas con aproximadamente 2 cucharadas de aceite; asegúrese de que todos los lados estén bien cubiertos. Precalienta tu barbacoa a fuego alto, preferiblemente con la campana cerrada. Disminuya el fuego a medio;

Coloque la trucha rebozada en el plato de barbacoa, preferiblemente por el lado de la piel. Cocine hasta que esté parcialmente cocido y se ponga dorado, durante un par de minutos. Gire con cuidado la trucha; cocine hasta que esté bien cocido, durante 12 a 15 minutos, con la campana cerrada. Transfiera el filete a una fuente de servir grande.

2. Mientras tanto, caliente el aceite sobrante; ajo a fuego lento en una cacerola pequeña hasta que esté completamente caliente; el ajo comienza a cambiar de color. Retire, luego agregue las alcaparras, el jugo de limón y el chile.

Rocíe las truchas con el aderezo preparado y luego espolvoree con las hojas frescas de perejil. Sirva inmediatamente con rodajas de limón fresco, disfrútelo.

Información nutricional: kcal 170 Grasas: 30 g Fibra: 2 g Proteínas: 37 g

Ingredientes de envolturas de garbanzos y coliflor al curry:

1 jengibre fresco

2 dientes de ajo

1 lata de garbanzos

1 cebolla morada

8 onzas de cogollos de coliflor

1 cucharadita de Garam Masala

2 cucharadas de almidón de arrurruz

1 limón

1 paquete de cilantro fresco

1/4 taza de yogur vegano

4 envolturas

3 cucharadas de coco rallado

4 onzas de espinacas tiernas

1 cucharada de aceite vegetal

1 cucharadita de sal y pimienta al gusto

Direcciones:

1. Precaliente la estufa a 400 ° F (205 ° C). Pele y pique 1 cucharadita de jengibre. Pica el ajo. Canalizar y lavar los garbanzos. Pelar y cortar escasamente la cebolla morada. Partir el limón.

2. Cubra una placa calefactora con 1 cucharada de aceite vegetal. En un tazón enorme, consolida el jengibre picado, el ajo, el jugo de una gran porción del limón, los garbanzos, la cebolla morada cortada, los floretes de coliflor, el garam masala, el almidón de arrurruz y 1/2 cucharadita de sal. Pase a la bandeja de preparación y la comida en el asador hasta que la coliflor esté delicada y salteada en algunos lugares, alrededor de 20 a 25 minutos.

3. Corta las hojas de cilantro y los tallos delicados. En un tazón pequeño, mezcle el cilantro, el yogur, 1 cucharada de jugo de limón y una pizca de sal y pimienta.

4. Coloque los envoltorios con papel de aluminio y póngalos en la estufa para que se calienten entre 3 y 4 minutos.

5. Coloque una pequeña sartén antiadherente a fuego medio e incluya el coco destruido. Tuesta, agitando el plato habitualmente hasta que esté finamente cocido, alrededor de 2 a 3 minutos.

6. Coloque las espinacas infantiles y las verduras cocidas entre las envolturas calientes. Colocar los rollitos de coliflor y garbanzos en platos enormes y espolvorear con la salsa de cilantro, espolvorear con coco tostado.

Sopa de fideos de trigo sarraceno

Porciones: 4

Tiempo de cocción: 25 minutos

Ingredientes:

2 tazas de Bok Choy, picado

3 cucharadas Tamari

3 paquetes de fideos de trigo sarraceno

2 tazas de frijoles Edamame

7 oz. Hongos Shiitake, picados

4 tazas de agua

1 cucharadita El jengibre rallado

Pizca de sal

1 diente de ajo rallado

Direcciones:

1. Primero, coloque el agua, el jengibre, la salsa de soja y el ajo en una olla mediana a fuego medio.

2. Hierva la mezcla de jengibre y salsa de soja y luego agregue el edamame y el shiitake.

3. Continúe cocinando durante 7 minutos más o hasta que estén tiernos.

4. Luego, cocine los fideos soba siguiendo las Instrucciones: que se encuentran en el paquete hasta que estén cocidos. Lavar y escurrir bien.

5. Ahora, agregue el bok choy a la mezcla de shiitake y cocine por un minuto más o hasta que el bok choy se ablande.

6. Por último, repartir los fideos soba entre los platos hondos y cubrir con la mezcla de champiñones.

Información nutricional: Calorías: 234KcalProteínas: 14.2g Carbohidratos: 35.1g Grasas: 4g

Ensalada fácil de salmón Porciones

Porciones: 1

Tiempo de cocción: 0 minutos

Ingredientes:

1 taza de rúcula orgánica

1 lata de salmón silvestre

½ de aguacate, en rodajas

1 cucharada de aceite de oliva

1 cucharadita de mostaza de Dijon

1 cucharadita de sal marina

Direcciones:

1. Comience batiendo el aceite de oliva, la mostaza de Dijon y la sal marina en un tazón para hacer el aderezo. Dejar de lado.

2. Ensamble la ensalada con la rúcula como base y cubra con el salmón y el aguacate en rodajas.

3. Rocíe con el aderezo.

Información nutricional: Carbohidratos totales 7 g Fibra dietética: 5 g
Proteínas: 48 g Grasas totales: 37 g Calorías: 553

Porciones de sopa de verduras

Porciones: 4

Tiempo de cocción: 40 minutos

Ingredientes:

1 cucharada. Aceite de coco

2 tazas de col rizada picada

2 tallos de apio, cortados en cubitos

½ de 15 oz. lata de frijoles blancos, escurridos y enjuagados 1 cebolla, grande y cortada en cubitos

¼ de cucharadita Pimienta negra

1 zanahoria mediana y cortada en cubitos

2 tazas de coliflor, cortada en floretes

1 cucharadita Cúrcuma, molido

1 cucharadita Sal marina

3 dientes de ajo picados

6 tazas de caldo de verduras

Direcciones:

1. Para empezar, caliente el aceite en una olla grande a fuego medio-bajo.

2. Agregue la cebolla a la olla y saltee durante 5 minutos o hasta que se ablande.

3. Ponga la zanahoria más el apio en la olla y continúe cocinando por otros 4 minutos o hasta que las verduras se ablanden.

4. Ahora, agregue la cúrcuma, el ajo y el jengibre a la mezcla. Revuelva bien.

5. Cocine la mezcla de verduras durante 1 minuto o hasta que esté fragante.

6. Luego, vierta el caldo de verduras junto con sal y pimienta y lleve la mezcla a ebullición.

7. Una vez que comience a hervir, agregue la coliflor. Reduzca el fuego y cocine a fuego lento la mezcla de verduras durante 13 a 15 minutos o hasta que la coliflor se ablande.

8. Finalmente, agregue los frijoles y la col rizada — Cocine en 2 minutos.

9. Sírvelo caliente.

Información nutricional: Calorías 192 Kcal Proteínas: 12,6 g Carbohidratos: 24,6 g Grasas: 6,4 g

Raciones de camarones con ajo y limón

Porciones: 4

Tiempo de cocción: 15 minutos

Ingredientes:

1 y ¼ libras de camarones, hervidos o al vapor

3 cucharadas de ajo picado

¼ de taza de jugo de limón

2 cucharadas de aceite de oliva

¼ taza de perejil

Direcciones:

1. Tome una sartén pequeña y colóquela a fuego medio, agregue el ajo y el aceite y cocine revolviendo por 1 minuto.

2. Agregue el perejil, el jugo de limón y sazone con sal y pimienta según corresponda.

3. Agregue los camarones en un tazón grande y transfiera la mezcla de la sartén sobre los camarones.

4. Enfríe y sirva.

<u>Información nutricional:</u> Calorías: 130 Grasa: 3 g Carbohidratos: 2 g
Proteína: 22 g

Pechuga Con Queso Azul

Porciones: 6

Tiempo de cocción: 8 Hrs. 10 minutos

Ingredientes:

1 taza de agua

1/2 cucharada de pasta de ajo

1/4 taza de salsa de soja

1 ½ lb. de pechuga de carne en conserva

1/3 cucharadita de cilantro molido

1/4 de cucharadita de clavo molido

1 cucharada de aceite de oliva

1 chalota picada

2 onzas. queso azul, desmenuzado

Spray para cocinar

Direcciones:

1. Coloque una sartén a fuego moderado y agregue aceite a calentar.

2. Agregue las chalotas y revuelva y cocine por 5 minutos.

3. Agregue la pasta de ajo y cocine por 1 minuto.

4. Transfiera a la olla de cocción lenta, engrasada con aceite en aerosol.

5. Coloque la pechuga en la misma sartén y dore hasta que esté dorada por ambos lados.

6. Transfiera la carne a la olla de cocción lenta junto con otros ingredientes excepto el queso.

7. Ponga su tapa y cocine por 8 hrs. a fuego lento.

8. Adorne con queso y sirva.

Información nutricional: Calorías 397, proteínas 23,5 g, grasas 31,4 g, carbohidratos 3,9 g, fibra 0 g

Soba fría con aderezo de miso

Ingredientes:

6 oz de fideos soba de trigo sarraceno

1/2 taza de zanahorias trituradas

1 taza de edamame solidificado sin cáscara, descongelado 2 pepinos persas, cortados

1 taza de cilantro picado

1/4 taza de semillas de sésamo

2 cucharadas de semillas de sésamo oscuro

Aderezo de miso blanco (rinde 2 tazas)

2/3 taza de pegamento de miso blanco

Jugo de 2 limones medianos

4 cucharadas de vinagre de arroz

4 cucharadas de aceite de oliva virgen adicional

4 cucharadas de naranja exprimida

2 cucharadas de jengibre molido nuevo

2 cucharadas de sirope de arce

Direcciones:

1. Cocine los fideos soba de acuerdo con las pautas del paquete (asegúrese de no cocinarlos demasiado o se volverán pegajosos y permanecerán juntos). Canaliza bien y pasa a un tazón enorme 2. Incluye zanahorias, edamame, pepino, cilantro y semillas de sésamo.

3. Para preparar el apósito, consolidar cada una de las fijaciones en una licuadora. Mezclar hasta que quede suave

4. Vierta la medida deseada de aderezo sobre los fideos (utilizamos aproximadamente una taza y media)

Trozos de coliflor de búfalo al horno

Porciones: 2

Tiempo de cocción: 35 minutos

Ingredientes:

¼ de taza de agua

¼ de taza de harina de banana

Una pizca de sal y pimienta

1 pieza de coliflor mediana, cortada en trozos pequeños ½ taza de salsa picante

2 cucharadas de mantequilla derretida

Aderezo de queso azul o ranchero (opcional)

Direcciones:

1. Precaliente su horno a 425 ° F. Mientras tanto, forre una bandeja para hornear con papel de aluminio.

2. Combine el agua, la harina y una pizca de sal y pimienta en un tazón grande para mezclar.

3. Mezclar bien hasta que esté bien combinado.

4. Agregue la coliflor; revuelva para cubrir completamente.

5. Transfiera la mezcla a la bandeja para hornear. Hornee por 15 minutos, volteando una vez.

6. Mientras hornea, combine la salsa picante y la mantequilla en un tazón pequeño.

7. Vierta la salsa sobre la coliflor horneada.

8. Regrese la coliflor horneada al horno y hornee más por 20

minutos.

9. Sirva inmediatamente con un aderezo ranch a un lado, si lo desea.

Información nutricional: Calorías: 168 Grasas Cal: 5,6 g Proteína: 8,4 g Carbohidratos: 23,8 g Fibra: 2,8 g

Pollo al horno con ajo, albahaca y tomates

Porciones: 4

Tiempo de cocción: 30 minutos

Ingredientes:

½ cebolla amarilla mediana

2 cucharadas de aceite de oliva

3 dientes de ajo picados

1 taza de albahaca (cortada sin apretar)

1 libra de pechuga de pollo deshuesada

14.5 onzas de tomates picados italianos

Sal pimienta

4 calabacines medianos (en espiral en fideos) 1 cucharada de pimiento rojo triturado

2 cucharadas de aceite de oliva

Direcciones:

1. Golpee los trozos de pollo con una sartén para una cocción rápida. Espolvorea sal, pimienta y aceite sobre los trozos de pollo y marina ambos lados del pollo por igual.

2. Fríe los trozos de pollo en una sartén grande caliente durante 2-3 minutos por cada lado.

3. Saltee la cebolla en la misma sartén hasta que se dore. Agregue tomates, hojas de albahaca y ajo.

4. Cocine a fuego lento durante 3 minutos y agregue todas las especias y el pollo en la sartén.

5. Sírvelo en el plato junto con los zoodles picantes.

Información nutricional: Calorías 44 Carbohidratos: 7 g Grasas: 0 g Proteínas: 2 g

Sopa cremosa de coliflor con cúrcuma

Porciones: 4

Tiempo de cocción: 15 minutos

Ingredientes:

2 cucharadas de aceite de oliva extra virgen

1 puerro, solo la parte blanca, en rodajas finas

3 tazas de floretes de coliflor

1 diente de ajo pelado

1 pieza (1¼ pulgada) de jengibre fresco, pelado y en rodajas 1½ cucharaditas de cúrcuma

½ cucharadita de sal

¼ de cucharadita de pimienta negra recién molida

¼ de cucharadita de comino molido

3 tazas de caldo de verduras

1 taza entera: leche de coco

¼ de taza de cilantro fresco finamente picado

Direcciones:

1. Caliente el aceite a fuego alto en una olla grande.

2. Saltee el puerro dentro de 3 a 4 minutos.

3. Ponga la coliflor, el ajo, el jengibre, la cúrcuma, la sal, la pimienta y el comino y saltee durante 1 a 2 minutos.

4. Poner el caldo y hervir.

5. Cocine a fuego lento dentro de los 5 minutos.

6. Haga puré la sopa con una licuadora de inmersión hasta que quede suave.

7. Agregue la leche de coco y el cilantro, caliente y sirva.

Información nutricional: Calorías 264 Grasa total: 23 g Carbohidratos totales: 12 g Azúcar: 5 g Fibra: 4 g Proteína: 7 g Sodio: 900 mg

Arroz integral con champiñones, col rizada y camote

Porciones: 4

Tiempo de cocción: 50 minutos

Ingredientes:

¼ taza de aceite de oliva extra virgen

4 tazas de hojas de col rizada picadas en trozos grandes

2 puerros, solo las partes blancas, en rodajas finas

1 taza de champiñones en rodajas

2 dientes de ajo picados

2 tazas de batatas peladas y cortadas en dados de ½ pulgada 1 taza de arroz integral

2 tazas de caldo de verduras

1 cucharadita de sal

¼ de cucharadita de pimienta negra recién molida

¼ de taza de jugo de limón recién exprimido

2 cucharadas de perejil fresco de hoja plana finamente picado <u>Direcciones:</u>

1. Caliente el aceite a fuego alto.

2. Agregue la col rizada, los puerros, los champiñones y el ajo y saltee hasta que estén suaves, aproximadamente 5 minutos.

3. Agregue las batatas y el arroz y saltee durante unos 3 minutos.

4. Agregue el caldo, la sal y la pimienta y hierva. Cocine a fuego lento entre 30 y 40

minutos.

5. Combine el jugo de limón y el perejil, luego sirva.

<u>Información nutricional:</u> Calorías 425 Grasa: 15 g Carbohidratos totales: 65 g Azúcar: 6 g Fibra: 6 g Proteína: 11 g Sodio: 1045 mg

Receta de tilapia al horno con cobertura de nuez y romero

Porciones: 4

Tiempo de cocción: 20 minutos

Ingredientes:

4 filetes de tilapia (4 onzas cada uno)

½ cucharadita de azúcar morena o azúcar de palma de coco 2 cucharaditas de romero fresco picado

1/3 taza de nueces pecanas crudas, picadas

Una pizca de pimienta de cayena

1 ½ cucharadita de aceite de oliva

1 clara de huevo grande

1/8 cucharadita de sal

1/3 taza de pan rallado panko, preferiblemente de trigo integral

Direcciones:

1. Caliente su horno a 350 F.

2. Revuelva las nueces con el pan rallado, el azúcar de palma de coco, el romero, la pimienta de cayena y la sal en una fuente para hornear pequeña. Agrega el aceite de oliva; sacudida.

3. Hornee dentro de 7 a 8 minutos, hasta que la mezcla se torne ligeramente dorada.

4. Ajuste el fuego a 400 F y cubra una fuente para hornear de vidrio grande con un poco de aceite en aerosol.

5. Batir la clara de huevo en un plato llano. Trabajar en lotes; sumerja el pescado (una tilapia a la vez) en la clara de huevo y luego, cubra ligeramente con la mezcla de nueces. Coloque los filetes rebozados en la fuente para hornear.

6. Presione la mezcla de nueces sobrantes sobre los filetes de tilapia.

7. Hornee dentro de 8 a 10 minutos. Sirva inmediatamente y disfrute.

Información nutricional: kcal 222 Grasas: 10 g Fibra: 2 g Proteínas: 27 g

Wrap de tortilla de frijoles negros

Porciones: 2

Tiempo de cocción: 0 minutos

Ingredientes:

¼ de taza de elote

1 puñado de albahaca fresca

½ taza de rúcula

1 cucharada de levadura nutricional

¼ de taza de frijoles negros enlatados

1 melocotón en rodajas

1 cucharadita de jugo de limón

2 tortillas sin gluten

Direcciones:

1. Divida los frijoles, el maíz, la rúcula y los duraznos entre las dos tortillas.

2. Cubra cada tortilla con la mitad de la albahaca fresca y el jugo de limón.

Información nutricional: Carbohidratos totales 44 g Fibra dietética: 7 g

Proteínas: 8 g Grasas totales: 1 g Calorías: 203

Pollo De Frijoles Blancos Con Verduras Verdes De Invierno

Porciones: 8

Tiempo de cocción: 45 minutos

Ingredientes:

4 dientes de ajo

1 cucharada de aceite de oliva

3 chirivías medianas

1 kg de pollo en cubos pequeños

1 cucharadita de comino en polvo

2 fugas y 1 pieza verde

2 zanahorias (cortadas en cubos)

1 ¼ de frijoles blancos (remojados durante la noche)

½ cucharadita de orégano seco

2 cucharaditas de sal kosher

Hojas de cilantro

1 1/2 cucharadas de chiles anchos molidos

Direcciones:

1. Cocine el ajo, los puerros, el pollo y el aceite de oliva en una olla grande a fuego medio durante 5 minutos.

2. Ahora agregue las zanahorias y las chirivías, y después de revolver durante 2 minutos, agregue todos los ingredientes de condimento.

3. Revuelva hasta que comience a salir fragante.

4. Ahora agregue frijoles y 5 tazas de agua en la olla.

5. Llevar a ebullición y reducir la llama.

6. Dejar hervir a fuego lento casi 30 minutos y decorar con perejil y hojas de cilantro.

Información nutricional: Calorías 263 Carbohidratos: 24 g Grasas: 7 g Proteínas: 26 g

Salmón al horno con hierbas

Porciones: 2

Tiempo de cocción: 15 minutos

Ingredientes:

10 onzas. Filete de salmón

1 cucharadita Aceite de oliva

1 cucharadita Cariño

1 cucharadita Estragón, fresco

1/8 cucharadita Sal

2 cucharaditas Mostaza de Dijon

¼ de cucharadita Tomillo seco

¼ de cucharadita Orégano seco

Direcciones:

1. Precaliente el horno a 425 ° F.

2. Después de eso, combine todos los ingredientes, excepto el salmón, en un tazón mediano.

3. Ahora, vierta esta mezcla uniformemente sobre el salmón.

4. Luego, coloque el salmón con la piel hacia abajo en la bandeja para hornear forrada con papel pergamino.

5. Finalmente, hornee por 8 minutos o hasta que el pescado se desmenuce.

<u>Información nutricional:</u> Calorías: 239KcalProteínas: 31g Carbohidratos: 3g Grasas: 11g

Ensalada de pollo con yogur griego

Ingredientes:

Pollo picado

Manzana verde

cebolla roja

Apio

Arándanos secos

Direcciones:

1. La porción de pollo con yogur griego de verduras mixtas es un pensamiento extraordinario para preparar la cena. Puede colocarlo en un empujón artesanal y comer solo eso o puede empacarlo en un compartimento de súper preparación con más verduras, papas fritas, etc. Aquí hay algunas recomendaciones de servicio.

2. Con un poco de tostada

3. En una tortilla con lechuga

4. Con papas fritas o galletas saladas

5. En un poco de lechuga helada (¡opción baja en carbohidratos!)

Ensalada de garbanzos machacados

Ingredientes:

1 aguacate

1/2 limón crujiente

1 lata de garbanzos agotados (19 oz)

1/4 taza de cebolla morada cortada

2 tazas de tomates uva cortados

2 tazas de pepino cortado en cubitos

1/2 taza de perejil crujiente

3/4 taza de pimiento verde cortado en cubitos

Vendaje

1/4 taza de aceite de oliva

2 cucharadas de vinagre de vino tinto

1/2 cucharadita de comino

sal y pimienta

Direcciones:

1. Corte el aguacate en cuadrados 3D y colóquelo en un tazón. Presione el jugo de 1/2 limón sobre el aguacate y mezcle delicadamente para consolidar.

2. Incluya la porción restante de ingredientes de verduras mixtas y tírelos delicadamente para unirlos.

3. Refrigere al menos una hora antes de servir.

Porciones de Ensalada Valencia

Porciones: 10

Tiempo de cocción: 0 minutos

Ingredientes:

1 cucharadita Aceitunas Kalamata en aceite, deshuesadas, escurridas ligeramente, partidas por la mitad, cortadas en juliana

1 cabeza, lechuga romana pequeña, enjuagada, hilada y cortada en trozos pequeños

½ pieza, chalota pequeña, en juliana

1 cucharadita mostaza de Dijon

½ pequeño satsuma o mandarina, solo pulpa

1 cucharadita vinagre de vino blanco

1 cucharadita aceite de oliva virgen extra

1 pizca de tomillo fresco picado

Pizca de sal marina

Pizca de pimienta negra, al gusto

Direcciones:

1. Combine vinagre, aceite, tomillo fresco, sal, mostaza, pimienta negra y miel, si se usa. Batir bien hasta que el aderezo emulsione un poco.

2. Mezcle los ingredientes restantes de la ensalada en una ensaladera.

3. Rocíe el aderezo por encima cuando esté a punto de servir. Sirva inmediatamente con 1 rebanada si es pan de masa madre sin azúcar o salado.

Información nutricional: Calorías 238 Carbohidratos: 23 g Grasas: 15 g Proteínas: 8 g

Porciones de sopa "Eat Your Greens"

Porciones: 4

Tiempo de cocción: 20 minutos

Ingredientes:

¼ taza de aceite de oliva extra virgen

2 puerros, solo las partes blancas, en rodajas finas

1 bulbo de hinojo, recortado y en rodajas finas

1 diente de ajo pelado

1 manojo de acelgas, picadas en trozos grandes

4 tazas de col rizada picada en trozos grandes

4 tazas de hojas de mostaza picadas en trozos grandes

3 tazas de caldo de verduras

2 cucharadas de vinagre de sidra de manzana

1 cucharadita de sal

¼ de cucharadita de pimienta negra recién molida

¼ de taza de anacardos picados (opcional)

Direcciones:

1. Caliente el aceite a fuego alto en una olla grande.

2. Agregue los puerros, el hinojo y el ajo y saltee hasta que se ablanden, durante unos 5 minutos.

3. Agregue las acelgas, la col rizada y las hojas de mostaza y saltee hasta que las hojas se marchiten, de 2 a 3 minutos.

4. Poner el caldo y hervir.

5. Cocine a fuego lento dentro de los 5 minutos.

6. Agregue el vinagre, la sal, la pimienta y los anacardos (si los usa).

7. Haga puré la sopa con una licuadora de inmersión hasta que quede suave y sirva.

Información nutricional: Calorías 238 Grasa total: 14 g Carbohidratos totales: 22 g Azúcar: 4 g Fibra: 6 g Proteína: 9 g Sodio: 1294 mg

Salmón Miso Y Judías Verdes

Porciones: 4

Tiempo de cocción: 25 minutos

Ingredientes:

1 cucharada de aceite de sésamo

1 libra de ejotes, cortados

1 libra de filetes de salmón con piel, cortados en 4 filetes ¼ taza de miso blanco

2 cucharaditas de salsa de soja o tamari sin gluten 2 cebolletas, en rodajas finas

Direcciones:

1. Precaliente el horno a 400 ° F. Engrasa la bandeja para hornear con aceite.

2. Ponga las judías verdes, luego el salmón encima de las judías verdes y unte cada pieza con el miso.

3. Ase dentro de 20 a 25 minutos.

4. Rocíe con el tamari, espolvoree con las cebolletas y sirva.

Información nutricional: Calorías 213 Grasa total: 7 g Carbohidratos totales: 13 g Azúcar: 3 g Fibra: 5 g Proteína: 27 g Sodio: 989 mg

Sopa de puerro, pollo y espinacas

Porciones: 4

Tiempo de cocción: 15 minutos

Ingredientes:

3 cucharadas de mantequilla sin sal

2 puerros, solo las partes blancas, en rodajas finas

4 tazas de espinacas tiernas

4 tazas de caldo de pollo

1 cucharadita de sal

¼ de cucharadita de pimienta negra recién molida

2 tazas de pollo rostizado desmenuzado

1 cucharada de cebollino fresco en rodajas finas

2 cucharaditas de ralladura de limón rallada o picada

Direcciones:

1. Disuelva la mantequilla a fuego alto en una olla grande.

2. Agregue los puerros y saltee hasta que se ablanden y comiencen a dorarse, 3

a 5 minutos.

3. Agregue las espinacas, el caldo, la sal y la pimienta y hierva.

4. Cocine a fuego lento dentro de 1 a 2 minutos.

5. Coloque el pollo y cocine dentro de 1 a 2 minutos.

6. Espolvoree con el cebollino y la ralladura de limón y sirva.

Información nutricional: Calorías 256 Grasa total: 12 g Carbohidratos totales: 9 g Azúcar: 3 g Fibra: 2 g Proteína: 27 g Sodio: 1483 mg

Dark Choco Bombs

Porciones: 24

Tiempo de cocción: 5 minutos

Ingredientes:

1 taza de crema espesa

1 taza de queso crema ablandado

1 cucharadita de esencia de vainilla

1/2 taza de chocolate amargo

2 onzas. Stevia

Direcciones:

1. Derrita el chocolate en un bol calentándolo en el microondas.

2. Batir el resto de los ingredientes en una batidora hasta que quede esponjoso, luego incorporar el chocolate derretido.

3. Mezcle bien, luego divida la mezcla en una bandeja para muffins forrada con moldes para muffins.

4. Refrigere por 3 horas.

5. Sirva.

Información nutricional: Calorías 97 Grasa 5 g, Carbohidratos 1 g, Proteína 1 g, Fibra 0 g

Pimientos Rellenos Italianos

Porciones: 6

Tiempo de cocción: 40 minutos

Ingredientes:

1 cucharadita de ajo en polvo

1/2 taza de mozzarella, rallada

1 libra de carne molida magra

1/2 taza de queso parmesano

3 pimientos morrones, cortados por la mitad a lo largo, sin tallos, semillas y costillas

1 paquete (10 oz.) De espinacas congeladas

2 tazas de salsa marinara

1/2 cucharadita de sal

1 cucharadita de condimento italiano

Direcciones:

1. Cubra una bandeja para hornear forrada con papel de aluminio con spray antiadherente. Coloca los pimientos en el molde para hornear.

2. Agregue el pavo a una sartén antiadherente y cocine a fuego medio hasta que ya no esté rosado.

3. Cuando esté casi cocido, agregue 2 tazas de salsa marinara y condimentos — Cocine por unos 8-10 minutos.

4. Agregue las espinacas junto con 1/2 taza de queso parmesano. Revuelva hasta que esté bien combinado.

5. Agregue media taza de la mezcla de carne en cada pimiento y divida el queso entre todos: precaliente el horno a 450 F.

6. Hornee los pimientos durante unos 25-30 minutos. Dejar enfriar y servir.

Información nutricional: 150 calorías 2 g de grasa 11 g de carbohidratos totales 20 g de proteína

Trucha ahumada envuelta en lechuga

Porciones: 4

Tiempo de cocción: 45 minutos

Ingredientes:

¼ de taza de papas asadas con sal

1 taza de tomates uva

½ taza de hojas de albahaca

16 hojas de lechuga pequeñas y medianas

1/3 taza de chile dulce asiático

2 zanahorias

1/3 taza de chalotes (en rodajas finas)

¼ de taza de jalapeños en rodajas finas

1 cucharada de azúcar

2-4.5 onzas de trucha ahumada sin piel

2 cucharadas de jugo de lima fresco

1 pepino

Direcciones:

1. Corte las zanahorias y el pepino en tiras finas.

2. Marinar estas verduras durante 20 minutos con azúcar, salsa de pescado, jugo de limón, chalotes y jalapeño.

3. Agregue trozos de trucha y otras hierbas en esta mezcla de vegetales y licue.

4. Cuela el agua de la mezcla de verduras y trucha y vuelve a mezclarla.

5. Coloque las hojas de lechuga en un plato y transfiera la ensalada de trucha sobre ellas.

6. Adorne esta ensalada con maní y salsa de chile.

Información nutricional: Calorías 180 Carbohidratos: 0 g Grasas: 12 g Proteínas: 18 g

Ingredientes de la ensalada de huevos diabólicos:

12 huevos enormes

1/4 taza de cebolla verde cortada

1/2 taza de apio cortado

1/2 taza de pimiento rojo cortado

2 cucharadas de mostaza de Dijon

1/3 taza de mayonesa

1 cucharada de jugo, vino blanco o vinagre de jerez 1/4 cucharadita de Tabasco u otra salsa picante (casi al gusto) 1/2 cucharadita de pimentón (casi al gusto) 1/2 cucharadita de pimienta oscura (casi al gusto) 1/4 cucharadita de sal (más al gusto)

Direcciones:

1. Caliente los huevos: el método más simple para hacer huevos duros con burbujas que son cualquier cosa menos difíciles de pelar es cocinarlos al vapor.

Llene una sartén con 1 pulgada de agua y agregue un celemín de vapor. (En caso de que no tenga un bushel de vapor, está bien.) 2. Caliente el agua hasta el punto de hervir, coloque los huevos con delicadeza en el recipiente de vapor o directamente en la sartén. Extiende la olla. Pon tu reloj en 15 minutos. Evacue los huevos y colóquelos en agua fría con virus para que se enfríen.

3. Prepara los huevos y las verduras: Pica los huevos en trozos grandes y colócalos en un tazón grande. Incluya la cebolla verde, el apio y el pimiento rojo.

4. Haga el plato de verduras mixtas: En un tazón pequeño, combine la mayonesa, la mostaza, el vinagre y el Tabasco. Mezcle tiernamente el aderezo de mayonesa en el bol con los huevos y las verduras. Incluya el pimentón y la sal y pimienta negra. Cambie los condimentos al gusto.

Pollo al horno con sésamo y tamari con judías verdes

Porciones: 4

Tiempo de cocción: 45 minutos

Ingredientes:

1 libra de ejotes, cortados

4 pechugas de pollo con hueso y piel

2 cucharadas de miel

1 cucharada de aceite de sésamo

1 cucharada de salsa de soja o tamari sin gluten 1 taza de caldo de pollo o de verduras

Direcciones:

1. Precaliente el horno a 400 ° F.

2. Coloque las judías verdes en una bandeja para hornear con borde grande.

3. Coloque el pollo, con la piel hacia arriba, encima de los frijoles.

4. Rocíe con miel, aceite y tamari. Agrega el caldo.

5. Ase dentro de 35 a 40 minutos. Retirar, dejar reposar 5 minutos y servir.

<u>Información nutricional:</u> Calorías 378 Grasa total: 10 g Carbohidratos totales: 19 g Azúcar: 10 g Fibra: 4 g Proteína: 54 g Sodio: 336 mg

Porciones de estofado de pollo con jengibre: 6

Tiempo de cocción: 20 minutos

Ingredientes:

¼ taza de filete de muslo de pollo, cortado en cubitos

¼ de taza de fideos de huevo cocidos

1 papaya verde, pelada y cortada en cubitos

1 taza de caldo de pollo, bajo en sodio, bajo en grasa

1 medallón de jengibre, pelado y triturado

pizca de cebolla en polvo

una pizca de ajo en polvo, agregue más si lo desea

1 taza de agua

1 cucharadita salsa de pescado

pizca de pimienta blanca

1 pieza de chile ojo de pájaro pequeño, picado

Direcciones:

1. Ponga toda la fijación en un horno holandés grande a fuego alto. Hervir.

Baje el fuego al mínimo. Pon la tapa.

2. Deje que el guiso se cocine durante 20 minutos o hasta que la papaya esté tierna.

Apaga el fuego. Consumir tal cual o con ½ taza de arroz cocido. Sirva caliente.

Información nutricional: Calorías 273 Carbohidratos: 15 g Grasas: 9 g Proteínas: 33 g

Ingredientes de la ensalada cremosa de garbano:

Plato de verduras mixtas

2 frascos de 14 oz garbanzos

3/4 taza de coctelera de zanahoria

3/4 taza de coctelera de apio

3/4 taza de coctelera pequeña de pimiento morrón

1 cebolleta hackeada

1/4 taza de coctelera de cebolla morada

1/2 aguacate grande

6 oz de tofu suave

1 cucharada de vinagre de sidra de manzana

1 cucharada de jugo de limón

1 cucharada de mostaza de Dijon

1 cucharada de salsa dulce

1/4 cucharadita de pimentón ahumado

1/4 cucharadita de semillas de apio

1/4 cucharadita de pimienta negra

1/4 cucharadita de mostaza en polvo

Sal de mar al gusto

Sándwich Fix'ns

Pan de grano entero cultivado

Cortar tomates roma

Untar lechuga

Direcciones:

1. Prepárese y corte las zanahorias, el apio, el pimiento rojo, la cebolla roja y la cebolleta y colóquelos en un tazón pequeño para licuar. Ponga en un lugar seguro.

2. Con una pequeña licuadora de inmersión o un procesador de alimentos, mezcle el aguacate, el tofu, el vinagre de jugo de manzana, el jugo de limón y la mostaza hasta que quede suave.

3. Cuela y lava tus garbanzos y colócalos en un tazón mediano para licuar. Con un machacador de papas o un tenedor aplastar los frijoles hasta que la mayoría se separe y comience a tomar después de un plato de pescado de

verduras mixtas. No es necesario que sea suave, sin embargo, tiene un acabado y es robusto. Condimente los frijoles con un poco de sal y pimienta.

4. Incluya las verduras cortadas, la crema de aguacate y tofu y el resto de los sabores y disfrute y mezcle bien. Pruebe y modifique según lo indique su inclinación.

Tallarines De Zanahoria Con Salsa De Maní, Jengibre Y Lima

Ingredientes:

Para la pasta de zanahoria:

5 zanahorias enormes, peladas y cortadas en juliana o en espiral en tiras finas 1/3 taza (50 g) de anacardos cocidos

2 cucharadas de cilantro nuevo, finamente picado

Para la salsa de jengibre y maní:

2 cucharadas de crema para untar rica en nueces

4 cucharadas de leche de coco ordinaria

Exprime pimienta de cayena

2 dientes de ajo enormes, finamente picados

1 cucharada de jengibre nuevo, pelado y molido 1 cucharada de jugo de lima

Sal al gusto

Direcciones:

1. Consolide todos los ingredientes de la salsa en un tazón pequeño y combine hasta que quede suave y rico y póngalo en un lugar seguro mientras corta las zanahorias en juliana o en espiral.

2. En un tazón grande para servir, mezcle tiernamente las zanahorias y la salsa hasta que estén cubiertas por igual. Cubra con anacardos asados (o maní) y cilantro recién picado.

Verduras Asadas Con Boniato Y Frijoles Blancos

Porciones: 4

Tiempo de cocción: 25 minutos

Ingredientes:

2 batatas pequeñas, cortadas en dados

½ cebolla morada, cortada en dados de ¼ de pulgada

1 zanahoria mediana, pelada y en rodajas finas

4 onzas de ejotes, cortados

¼ taza de aceite de oliva extra virgen

1 cucharadita de sal

¼ de cucharadita de pimienta negra recién molida

1 lata (15½ onzas) de frijoles blancos, escurridos y enjuagados 1 cucharada de ralladura de limón picada o rallada

1 cucharada de eneldo fresco picado

Direcciones:

1. Precaliente el horno a 400 ° F.

2. Combine las batatas, la cebolla, la zanahoria, las judías verdes, el aceite, la sal y la pimienta en una bandeja para hornear con borde grande y mezcle bien. Organizar en una sola capa.

3. Ase hasta que las verduras estén tiernas, de 20 a 25 minutos.

4. Agregue las judías blancas, la ralladura de limón y el eneldo, mezcle bien y sirva.

Información nutricional: Calorías 315 Grasa total: 13 g Carbohidratos totales: 42 g Azúcar: 5 g Fibra: 13 g Proteína: 10 g Sodio: 632 mg

Porciones de ensalada de col rizada

Porciones: 1

Ingredientes:

1 taza de col rizada fresca

½ taza de arándanos

½ taza de cerezas sin hueso cortadas a la mitad

¼ de taza de arándanos secos

1 cucharada de ajonjolí

2 cucharadas de aceite de oliva

Jugo de 1 limón

Direcciones:

1. Combine el aceite de oliva y el jugo de limón, luego mezcle la col rizada en el aderezo.

2. Ponga las hojas de col rizada en una ensaladera y cubra con los arándanos frescos, las cerezas y los arándanos.

3. Cubra con las semillas de sésamo.

Información nutricional: Carbohidratos totales 48 g Fibra dietética: 7 g Proteínas: 6 g Grasas totales: 33 g Calorías: 477

Vaso refrigerado de coco y avellana Porciones: 1

Tiempo de cocción: 0 minutos

Ingredientes:

½ taza de leche de coco y almendras

¼ taza de avellanas picadas

1 taza y media de agua

1 paquete de stevia

Direcciones:

1. Agregue los ingredientes enumerados a la licuadora

2. Licue hasta obtener una textura suave y cremosa. 3. ¡Sirva frío y disfrútelo!

Información nutricional: Calorías: 457 Grasa: 46 g Carbohidratos: 12 g Proteína: 7 g

Brócoli, coliflor y tofu especiados con cebolla morada

Porciones: 2

Tiempo de cocción: 25 minutos

Ingredientes:

2 tazas de floretes de brócoli

2 tazas de floretes de coliflor

1 cebolla morada mediana, cortada en cubitos

3 cucharadas de aceite de oliva extra virgen

1 cucharadita de sal

¼ de cucharadita de pimienta negra recién molida

1 libra de tofu firme, cortado en dados de 1 pulgada

1 diente de ajo picado

1 pieza (¼ de pulgada) de jengibre fresco, picado

Direcciones:

1. Precaliente el horno a 400 ° F.

2. Combine el brócoli, la coliflor, la cebolla, el aceite, la sal y la pimienta en una bandeja para hornear grande con borde y mezcle bien.

3. Ase hasta que las verduras se ablanden, de 10 a 15 minutos.

4. Agregue el tofu, el ajo y el jengibre. Ase dentro de los 10 minutos.

5. Mezcle suavemente los ingredientes en la bandeja para hornear para combinar el tofu con las verduras y sirva.

Información nutricional: Calorías 210 Grasa total: 15 g Carbohidratos totales: 11 g Azúcar: 4 g Fibra: 4 g Proteína: 12 g Sodio: 626 mg

Frijoles y salmón

Porciones: 4

Tiempo de cocción: 25 minutos

Ingredientes:

1 taza de frijoles negros enlatados, escurridos y enjuagados 4 dientes de ajo picados

1 cebolla amarilla picada

2 cucharadas de aceite de oliva

4 filetes de salmón, deshuesados

½ cucharadita de cilantro molido

1 cucharadita de cúrcuma en polvo

2 tomates, en cubos

½ taza de caldo de pollo

Una pizca de sal y pimienta negra.

½ cucharadita de semillas de comino

1 cucharada de cebollino picado

Direcciones:

1. Calentar una sartén con el aceite a fuego medio, agregar la cebolla y el ajo y sofreír por 5 minutos.

2. Agregue el pescado y dórelo durante 2 minutos por cada lado.

3. Agregue los frijoles y los demás ingredientes, mezcle suavemente y cocine por 10 minutos más.

4. Divida la mezcla entre platos y sirva inmediatamente para el almuerzo.

Información nutricional: calorías 219, grasa 8, fibra 8, carbohidratos 12, proteína 8

Porciones de sopa de zanahoria

Porciones: 4

Tiempo de cocción: 40 minutos

Ingredientes:

1 taza de calabaza, picada

1 cucharada. Aceite de oliva

1 cucharada. Polvo de cúrcuma

14 ½ oz. Leche de coco, ligera

3 tazas de zanahoria picada

1 puerro, enjuagado y en rodajas

1 cucharada. El jengibre rallado

3 tazas de caldo de verduras

1 taza de hinojo picado

Sal y Pimienta al gusto

2 dientes de ajo picados

Direcciones:

1. Comience calentando un horno holandés a fuego medio-alto.

2. Para esto, vierta el aceite y luego agregue el hinojo, la calabaza, las zanahorias y el puerro. Mezclar bien.

3. Ahora, saltee durante 4 a 5 minutos o hasta que se ablande.

4. A continuación, agregue la cúrcuma, el jengibre, la pimienta y el ajo. Cocine de 1 a 2 minutos más.

5. Luego, vierta el caldo y la leche de coco. Combine bien.

6. Después de eso, hierva la mezcla y cubra el horno holandés.

7. Deje que hierva a fuego lento durante 20 minutos.

8. Una vez cocida, transfiera la mezcla a una licuadora de alta velocidad y licúe durante 1 a 2 minutos o hasta obtener una sopa cremosa y suave.

9. Verifique el condimento y agregue más sal y pimienta si es necesario.

Información nutricional: Calorías: 210,4 Kcal Proteínas: 2,11 g
Carbohidratos: 25,64 g Grasas: 10,91 g

Porciones de ensalada de pasta saludable

Porciones: 6

Tiempo de cocción: 10 minutos

Ingredientes:

1 paquete de pasta fusilli sin gluten

1 taza de tomates uva, en rodajas

1 puñado de cilantro fresco picado

1 taza de aceitunas, cortadas por la mitad

1 taza de albahaca fresca picada

½ taza de aceite de oliva

Sal marina al gusto

Direcciones:

1. Batir el aceite de oliva, la albahaca picada, el cilantro y la sal marina.

Dejar de lado.

2. Cocine la pasta de acuerdo con las instrucciones del paquete, cuele y enjuague.

3. Combine la pasta con los tomates y las aceitunas.

4. Agregue la mezcla de aceite de oliva y revuelva hasta que esté bien combinado.

Información nutricional: Carbohidratos totales 66 g Fibra dietética: 5 g Proteínas: 13 g Grasas totales: 23 g Calorías: 525

Porciones de curry de garbanzos

Porciones: 4

Tiempo de cocción: 25 minutos

Ingredientes:

2 × 15 oz. Garbanzos, lavados, escurridos y cocidos 2 cdas. Aceite de oliva

1 cucharada. Polvo de cúrcuma

½ de 1 cebolla, cortada en cubitos

1 cucharadita Cayenne, conectado a tierra

4 dientes de ajo picados

2 cucharaditas Chile en polvo

15 oz. Pure de tomate

Pimienta negra, según sea necesario

2 cucharadas. Pasta de tomate

1 cucharadita Cayenne, conectado a tierra

½ cucharada. Miel de maple

½ de 15 oz. lata de leche de coco

2 cucharaditas Comino molido

2 cucharaditas Pimentón ahumado

Direcciones:

1. Caliente una sartén grande a fuego medio-alto. Para esto, vierta el aceite.

2. Una vez que el aceite esté caliente, agregue la cebolla y cocine de 3 a 4

minutos o hasta que se ablanden.

3. Luego, agregue la pasta de tomate, el jarabe de arce, todos los condimentos, el puré de tomate y el ajo. Mezclar bien.

4. Luego, agregue los garbanzos cocidos junto con la leche de coco, la pimienta negra y la sal.

5. Ahora, revuelva todo bien y déjelo hervir a fuego lento de 8 a 10

minutos o hasta que espese.

6. Rocíe jugo de limón y decore con cilantro, si lo desea.

Información nutricional: Calorías: 224 Kcal Proteínas: 15,2 g Carbohidratos: 32,4 g Grasas: 7,5 g

Ingredientes de Stroganoff de carne molida:

1 libra de carne molida magra

1 cebolla pequeña cortada en cubitos

1 diente de ajo picado

3/4 lb de champiñones nuevos cortados

3 cucharadas de harina

2 tazas de caldo de carne

sal y pimienta para probar

2 cucharaditas de salsa Worcestershire

3/4 taza de crema fuerte

2 cucharadas de perejil nuevo

Direcciones:

1. Hamburguesa molida de color oscuro, cebolla y ajo (haciendo un esfuerzo para que no se parta algo por encima) en un plato hasta que no quede rosado. Canaliza la grasa.

2. Incluya los champiñones cortados y cocine 2-3 minutos. Mezcle la harina y cocine 1 minuto progresivamente.

3. Incluir caldo, salsa Worcestershire, sal y pimienta y calentar hasta que hierva. Disminuir el calor y guisar a fuego lento durante 10 minutos.

Cocine los fideos de huevo como se indica en los títulos de los paquetes.

4. Extraiga la mezcla de carne del fuego, mezcle la nata y el perejil.

5. Sirva sobre fideos de huevo.

Porciones de costillas con salsa

Porciones: 4

Tiempo de cocción: 65 minutos

Ingredientes:

2 libras. Costillas de ternera

1 ½ cucharadita de aceite de oliva

1 ½ cucharada de salsa de soja

1 cucharada de salsa Worcestershire

1 cucharada de stevia

1 ¼ tazas de cebolla picada.

1 cucharadita de ajo picado

1/2 taza de vino tinto

⅓ taza de salsa de tomate, sin azúcar

Sal y pimienta negra al gusto

Direcciones:

1. Corte las costillas en 3 gajos y frótelas con pimienta negra y sal.

2. Agregue aceite a la olla instantánea y presione Saltear.

3. Coloque las costillas en el aceite y dore durante 5 minutos por cada lado.

4. Agregue la cebolla y saltee durante 4 minutos.

5. Agregue el ajo y cocine por 1 minuto.

6. Batir el resto de los ingredientes en un bol y verter sobre las costillas.

7. Coloque la tapa a presión y cocine durante 55 minutos en modo Manual a alta presión.

8. Una vez hecho esto, libere la presión de forma natural y luego retire la tapa.

9. Sirva caliente.

Información nutricional: Calorías 555, Carbohidratos 12,8 g, Proteína 66,7 g, Grasa 22,3 g, Fibra 0,9 g

Sopa de pollo y fideos sin gluten

Porciones: 4

Tiempo de cocción: 25 minutos

Ingredientes:

¼ taza de aceite de oliva extra virgen

3 tallos de apio, cortados en rodajas de ¼ de pulgada

2 zanahorias medianas, cortadas en dados de ¼ de pulgada

1 cebolla pequeña, cortada en dados de ¼ de pulgada

1 ramita de romero fresco

4 tazas de caldo de pollo

8 onzas de penne sin gluten

1 cucharadita de sal

¼ de cucharadita de pimienta negra recién molida

2 tazas de pollo rostizado cortado en cubitos

¼ de taza de perejil fresco de hoja plana finamente picado Direcciones:

1. Caliente el aceite a fuego alto en una olla grande.

2. Ponga el apio, las zanahorias, la cebolla y el romero y saltee hasta que se ablanden, de 5 a 7 minutos.

3. Agregue el caldo, el penne, la sal y la pimienta y hierva.

4. Cocine a fuego lento y cocine hasta que la penne esté tierna, de 8 a 10 minutos.

5. Retire y deseche la ramita de romero, agregue el pollo y el perejil.

6. Reduzca el fuego a bajo. Cocine en 5 minutos y sirva.

Información nutricional: Calorías 485 Grasa total: 18 g Carbohidratos totales: 47 g Azúcar: 4 g Fibra: 7 g Proteína: 33 g Sodio: 1423 mg

Porciones de lentejas al curry

Porciones: 4

Tiempo de cocción: 40 minutos

Ingredientes:

2 cucharaditas Semillas de mostaza

1 cucharadita Cúrcuma, molido

1 taza de lentejas remojadas

2 cucharaditas Semillas de comino

1 tomate, grande y picado

1 cebolla amarilla, cortada finamente

4 tazas de agua

Sal marina, según sea necesario

2 zanahorias, cortadas en medias lunas

3 puñados de hojas de espinaca, ralladas

1 cucharadita Jengibre picado

½ cucharadita Chile en polvo

2 cucharadas. Aceite de coco

Direcciones:

1. Primero, coloque los frijoles mungo y el agua en una cacerola profunda a fuego medio-alto.

2. Ahora, hierva la mezcla de frijoles y déjela hervir a fuego lento.

3. Cocine a fuego lento dentro de 20 a 30 minutos o hasta que los frijoles mungo se ablanden.

4. Luego, caliente el aceite de coco en una cacerola grande a fuego medio y agregue las semillas de mostaza y comino.

5. Si las semillas de mostaza revientan, ponga las cebollas. Saltear las cebollas para 4

minutos o hasta que se ablanden.

6. Vierta el ajo y continúe salteando por 1 minuto más.

Una vez aromático, vierta la cúrcuma y el chile en polvo.

7. Luego, agregue la zanahoria y el tomate — Cocine por 6 minutos o hasta que se ablanden.

8. Por último, añadirle las lentejas cocidas y remover todo bien.

9. Agregue las hojas de espinaca y saltee hasta que se ablanden. Retírelo del calor. Sírvelo caliente y disfrútalo.

<u>Información nutricional:</u> Calorías 290 Kcal Proteínas: 14 g Carbohidratos: 43 g Grasas: 8 g

Pollo y guisantes salteados

Porciones: 4

Tiempo de cocción: 10 minutos

Ingredientes:

1 ¼ tazas de pechuga de pollo deshuesada y sin piel, en rodajas finas 3 cucharadas de cilantro fresco picado

2 cucharadas de aceite vegetal

2 cucharadas de ajonjolí

1 manojo de cebolletas, en rodajas finas

2 cucharaditas de Sriracha

2 dientes de ajo picados

2 cucharadas de vinagre de arroz

1 pimiento morrón, en rodajas finas

3 cucharadas de salsa de soja

2½ tazas de guisantes

Sal al gusto

Pimienta negra recién molida, al gusto

Direcciones:

1. Calentar el aceite en una sartén a fuego medio. Agregue el ajo y las cebolletas en rodajas finas. Cocine por un minuto y luego agregue 2 ½ tazas de guisantes junto con el pimiento. Cocine hasta que estén tiernos, solo durante unos 3-4 minutos.

2. Agregue el pollo y cocine durante unos 4-5 minutos o hasta que esté completamente cocido.

3. Agregue 2 cucharaditas de Sriracha, 2 cucharadas de semillas de sésamo, 3

cucharadas de salsa de soja y 2 cucharadas de vinagre de arroz. Mezcle todo hasta que esté bien combinado. Cocine a fuego lento dentro de 2-3 minutos a fuego lento.

4. Agregue 3 cucharadas de cilantro picado y revuelva bien. Transfiera y espolvoree con más semillas de sésamo y cilantro, si es necesario. ¡Disfrutar!

Información nutricional: 228 calorías 11 g de grasa 11 g de carbohidratos totales 20 g de proteína

Jugoso Broccolini Con Anchoas Almendras

Porciones: 6

Tiempo de cocción: 10 minutos

Ingredientes:

2 manojos de broccolini, recortados

1 cucharada de aceite de oliva extra virgen

1 chile rojo fresco largo, sin semillas, finamente picado 2 dientes de ajo, en rodajas finas

¼ de taza de almendras naturales, picadas en trozos grandes

2 cucharaditas de cáscara de limón finamente rallada

Un chorrito de jugo de limón, fresco.

4 anchoas en aceite picadas

Direcciones:

1. Caliente el aceite hasta que esté caliente en una cacerola grande. Agrega las anchoas escurridas, el ajo, el chile y la ralladura de limón. Cocine hasta que esté aromático, por 30

segundos, revolviendo con frecuencia. Agregue la almendra y continúe cocinando por un minuto más, revolviendo con frecuencia. Retirar del fuego y agregar un chorrito de jugo de limón fresco.

2. Luego, coloque los broccolini en una canasta para vaporera colocada sobre una cacerola con agua hirviendo. Tape y cocine hasta que estén tiernos y crujientes, por 2

a 3 minutos. Escurrir bien y luego transferir a un plato de servir grande. Cubra con la mezcla de almendras. Disfrutar.

Información nutricional: kcal 350 Grasas: 7 g Fibra: 3 g Proteínas: 6 g

Pattie de shiitake y espinacas

Porciones: 8

Tiempo de cocción: 15 minutos

Ingredientes:

1 ½ tazas de hongos shiitake, picados

1 ½ tazas de espinaca picada

3 dientes de ajo picados

2 cebollas picadas

4 cucharaditas aceite de oliva

1 huevo

1 ½ tazas de quinua cocida

1 ½ cucharadita. condimento italiano

1/3 taza de semillas de girasol tostadas, molidas

1/3 taza de queso pecorino rallado

Direcciones:

1. Caliente el aceite de oliva en una cacerola. Una vez calientes, saltee los hongos shiitake durante 3 minutos o hasta que estén ligeramente chamuscados. Agregue el ajo y la cebolla. Saltee durante 2 minutos o hasta que esté fragante y traslúcido. Dejar de lado.

2. En la misma cacerola, caliente el aceite de oliva restante. Agrega la espinaca. Reduzca el fuego, luego cocine a fuego lento durante 1 minuto, escurra y transfiera a un colador.

3. Pica finamente las espinacas y agrégalas a la mezcla de champiñones. Agrega huevo a la mezcla de espinacas. Incorpore la quinua cocida, sazone con condimentos italianos y luego mezcle hasta que esté bien combinada. Espolvoree semillas de girasol y queso.

4. Divida la mezcla de espinacas en empanadas: cocine las empanadas dentro de 5

minutos o hasta que estén firmes y dorados. Sirve con pan de hamburguesa.

<u>Información nutricional:</u> Calorías 43 Carbohidratos: 9 g Grasas: 0 g Proteínas: 3 g

Ensalada de brócoli y coliflor

Porciones: 6

Tiempo de cocción: 20 minutos

Ingredientes:

¼ de cucharadita Pimienta negra, molida

3 tazas de cogollos de coliflor

1 cucharada. Vinagre

1 cucharadita Cariño

8 tazas de col rizada picada

3 tazas de cogollos de brócoli

4 cucharadas Aceite de oliva virgen extra

½ cucharadita Sal

1 ½ cucharadita. Mostaza de Dijon

1 cucharadita Cariño

½ taza de cerezas secas

1/3 taza de nueces, picadas

1 taza de queso manchego, rallado

Direcciones:

1. Precaliente el horno a 450 ° F y coloque una bandeja para hornear en la rejilla del medio.

2. Después de eso, coloque los floretes de coliflor y brócoli en un tazón grande.

3. A esto, vierta la mitad de la sal, dos cucharadas de aceite y pimienta. Mezcle bien.

4. Ahora, transfiera la mezcla a la bandeja precalentada y hornee por 12 minutos mientras le da la vuelta una vez en el medio.

5. Una vez que esté tierno y dorado, retírelo del horno y déjelo enfriar por completo.

6. Mientras tanto, mezcle las dos cucharadas restantes de aceite, vinagre, miel, mostaza y sal en otro tazón.

7. Cepille esta mezcla sobre las hojas de col rizada moviendo las hojas con las manos. Déjelo a un lado de 3 a 5 minutos.

8. Finalmente, agregue las verduras asadas, el queso, las cerezas y la nuez a la ensalada de brócoli y coliflor.

<u>Información nutricional:</u> Calorías: 259KcalProteínas: 8.4g Carbohidratos: 23.2g Grasas: 16.3g

Ensalada de pollo con toque chino

Porciones: 3

Tiempo de cocción: 25 minutos

Ingredientes:

1 cebolla verde mediana (en rodajas finas)

2 pechugas de pollo deshuesadas

2 cucharadas de salsa de soja

¼ de cucharadita de pimienta blanca

1 cucharada de aceite de sésamo

4 tazas de lechuga romana (picada)

1 taza de repollo (rallado)

¼ de taza de zanahorias en cubos pequeños

¼ de taza de almendras en rodajas finas

¼ de taza de fideos (solo para servir)

Para preparar aderezo chino:

1 diente de ajo picado

1 cucharadita de salsa de soja

1 cucharada de aceite de sésamo

2 cucharadas de vinagre de arroz

1 cucharada de azúcar

Direcciones:

1. Prepare el aderezo chino batiendo todos los ingredientes en un tazón.

2. En un bol, marinar las pechugas de pollo con ajo, aceite de oliva, salsa de soja y pimienta blanca durante 20 minutos.

3. Coloque la fuente para hornear en el horno precalentado (a 225 ° C).

4. Coloque las pechugas de pollo en la fuente para hornear y hornee por casi 20

minutos.

5. Para armar la ensalada, combine la lechuga romana, el repollo, las zanahorias y la cebolla verde.

6. Para servir, coloque un trozo de pollo en un plato y la ensalada encima. Vierta un poco de aderezo junto con los fideos.

<u>Información nutricional:</u> Calorías 130 Carbohidratos: 10 g Grasas: 6 g

Proteínas: 10 g

Pimientos Rellenos De Quinoa Y Amaranto

Porciones: 4

Tiempo de cocción: 1 hora y 10 minutos

Ingredientes:

2 cucharadas de amaranto

1 calabacín mediano, recortado y rallado

2 tomates maduros en rama, cortados en cubitos

2/3 taza (aproximadamente 135 g) de quinua

1 cebolla mediana picada finamente

2 dientes de ajo machacados

1 cucharadita de comino molido

2 cucharadas de semillas de girasol ligeramente tostadas 75 g de queso ricotta, fresco

2 cucharadas de grosellas

4 pimientos, grandes, cortados por la mitad a lo largo y sin semillas 2 cucharadas de perejil de hoja plana, picado <u>Direcciones:</u>

1. Cubra una bandeja para hornear, preferiblemente de tamaño grande con un poco de papel para hornear (antiadherente) y luego precaliente su horno a 350 F por adelantado. Llene una cacerola mediana con aproximadamente medio litro de agua y luego agregue el amaranto y la quinua; llevar a ebullición a fuego moderado. Una vez hecho esto, baje el fuego a bajo; cubra y deje hervir a fuego lento hasta que los granos se vuelvan al dente y se absorba el agua, de 12 a 15

minutos. Retirar del fuego y reservar.

2. Mientras tanto, cubra ligeramente una sartén grande con aceite y caliéntela a fuego medio. Una vez caliente, agregue la cebolla con calabacín y cocine hasta que se ablanden, durante un par de minutos, revolviendo con frecuencia. Agrega el comino y el ajo; cocine por un minuto. Retirar del fuego y dejar enfriar.

3. Coloque los granos, la mezcla de cebolla, las semillas de girasol, las grosellas, el perejil, la ricota y el tomate en un tazón, preferiblemente de tamaño grande; revuelva bien los ingredientes hasta que se combinen bien; sazone con pimienta y sal al gusto.

4. Llene los pimientos con la mezcla de quinua preparada y colóquelos en la bandeja, cubriendo la bandeja con papel de aluminio. Hornee de 17 a 20

minutos. Retire el papel de aluminio y hornee hasta que el relleno se dore y las verduras estén tiernas, durante 15 a 20 minutos más.

<u>Información nutricional:</u> kcal 200 Grasas: 8,5 g Fibra: 8 g Proteínas: 15 g

Filete de pescado crujiente con costra de queso

Porciones: 4

Tiempo de cocción: 10 minutos

Ingredientes:

¼ de taza de pan rallado integral

¼ de taza de queso parmesano rallado

¼ de cucharadita de sal marina ¼ de cucharadita de pimienta molida

1 cucharada. 4 filetes de tilapia con aceite de oliva

Direcciones:

1. Precaliente el horno a 375 ° F.

2. Agregue el pan rallado, el queso parmesano, la sal, la pimienta y el aceite de oliva en un tazón para mezclar.

3. Mezclar bien hasta que quede bien mezclado.

4. Cubra los filetes con la mezcla y colóquelos en una bandeja para hornear ligeramente rociada.

5. Coloque la bandeja en el horno.

6. Hornee durante 10 minutos hasta que los filetes se cocinen bien y se pongan de color marrón.

Información nutricional: Calorías: 255 Grasa: 7 g Proteína: 15,9 g Carbohidratos: 34 g Fibra: 2,6 g

Frijoles proteicos y cáscaras rellenas verdes

Ingredientes:

Sal genuina o de mar

Aceite de oliva

12 onzas. paquete de conchas del tamaño de una especie (alrededor de 40) 1 libra de espinaca partida solidificada

2 a 3 dientes de ajo, pelados y divididos

15 a 16 oz. queso cheddar ricotta (idealmente leche entera / entera) 2 huevos

1 lata de frijoles blancos (por ejemplo, cannellini), agotados y enrojecidos

½ taza de pesto verde, hecho a medida o adquirido localmente Pimienta oscura molida

3 tazas (o más) de salsa marinara

Queso parmesano molido o queso cheddar pecorino (discrecional)
Direcciones:

1. Caliente al menos 5 litros de agua hasta el punto de hervir en una olla enorme (o trabaje en dos grupos más pequeños). Incluya una cucharada de sal, una pizca de aceite de oliva y las cáscaras. Haga burbujear alrededor de

9 minutos (o hasta que esté extremadamente firme), mezclando esporádicamente para mantener las cáscaras aisladas. Canalice tiernamente las conchas en un colador, o sáquelas del agua con una cuchara abierta. Lavar rápidamente con agua fría. Forre una hoja calefactora con borde con papel film. En el momento en que las conchas estén lo suficientemente frías como para tratarlas, sepárelas a mano, vertiendo el agua extra y colocando la abertura en una capa solitaria en el contenedor de hojas. Unta con film plástico progresivamente una vez que esté prácticamente frío.

2. Lleve un par de litros de agua (o utilice el agua restante de la pasta, en caso de que no la haya tirado) a una burbuja en una olla similar. Incluya la espinaca solidificada y cocine tres minutos a fuego alto, hasta que esté delicada. Cubra el colador con toallas de papel empapadas en caso de que las aberturas sean enormes, en ese momento canalice las espinacas. Coloque el colador sobre un tazón para agotar más mientras comienza el llenado.

3. Agregue solo el ajo a un procesador de alimentos y deje correr hasta que esté finamente cortado y adherido a los lados. Raspe los lados del tazón, en ese punto incluya la ricota, los huevos, los frijoles, el pesto, 1½

cucharaditas de sal y unas cuantas cucharadas de pimienta (un gran apretón). Presione la espinaca en su mano para agotar bien el agua sobresaliente, en ese momento agregue a diferentes fijaciones en el procesador de nutrientes. Ejecutar hasta que esté prácticamente suave, con un par de pequeños trozos de espinaca aún notables. Me inclino a no probar después de incluir el huevo crudo, pero si cree que su sabor básico es un poco y modifica el sabor a gusto.

4. Precaliente el asador a 350 (F) y dúchese o engrase suavemente un 9 x 13 "

sartén, además de otro plato de gulash más pequeño (alrededor de 8 a 10 de las conchas no caben en el 9 x 13). Para llenar las conchas, obtenga cada concha por turno, manteniéndola abierta con el pulgar y el dedo índice de su mano no predominante. Saque de 3 a 4 cucharadas de carga con la otra mano y raspe la cáscara. La mayor parte de ellos no se verá muy bien, ¡lo cual está bien! Coloque las conchas llenas una cerca de la otra en el contenedor preparado. Vierta la salsa sobre las conchas, dejando inconfundibles los trozos del relleno verde. Unte el recipiente con la banqueta y prepare por 30 minutos. Aumente el calor a 375 (F), rocíe las cáscaras con un poco de parmesano molido (si lo utiliza) y revele el calor durante otros 5

a 10 minutos hasta que se disuelva el queso cheddar y se disminuya la abundancia de humedad.

5. Deje enfriar de 5 a 10 minutos, en ese momento sirva solo o con un plato fresco de verduras mixtas como una ocurrencia tardía.

Ingredientes de ensalada de fideos asiáticos:

8 onzas de largo de fideos ligeros de pasta de trigo entero, por ejemplo, espaguetis (use fideos soba para hacer sin gluten) 24 onzas de ensalada de col de brócoli de Mann's - 2 sacos de 12 onzas 4 onzas de zanahorias molidas

1/4 taza de aceite de oliva extra virgen

1/4 taza de vinagre de arroz

3 cucharadas de néctar: utilice néctar de agave ligero para hacer un amante de las verduras

3 cucharadas de crema de nuez suave

2 cucharadas de salsa de soja baja en sodio - sin gluten si es necesario 1 cucharada de salsa de pimienta Sriracha - o salsa de chile con ajo, además de extra al gusto

1 cucharada de jengibre nuevo picado

2 cucharaditas de ajo picado - alrededor de 4 dientes 3/4 taza de maní asado sin sal, - generalmente cortado 3/4 taza de cilantro nuevo - cortado finamente

Direcciones:

1. Calentar una olla enorme de agua con sal hasta que hierva. Cocine los fideos hasta que estén algo firmes, según los títulos del paquete. Canalice y enjuague rápidamente con agua fría para evacuar el exceso de almidón y detener la cocción, en ese momento muévase a un tazón enorme para servir. Incluya la ensalada de repollo con brócoli y zanahorias.

2. Mientras se cocina la pasta, mezcle el aceite de oliva, el vinagre de arroz, el néctar, la crema de nueces, la salsa de soja, la Sriarcha, el jengibre y el ajo. Vierta sobre la mezcla de fideos y arroje para consolidar. Incluya el maní y el cilantro y vuelva a lanzar. Sirva frío oa temperatura ambiente con salsa Sriracha adicional según desee.

3. Notas sobre la fórmula

4. La ensalada de fideos asiáticos se puede servir fría oa temperatura ambiente.

Almacene los restos en la hielera en un soporte a prueba de agua / aire hasta por 3 días.

Porciones de salmón y judías verdes

Porciones: 4

Tiempo de cocción: 26 minutos

Ingredientes:

2 cucharadas de aceite de oliva

1 cebolla amarilla picada

4 filetes de salmón, deshuesados

1 taza de ejotes, cortados y cortados por la mitad

2 dientes de ajo picados

½ taza de caldo de pollo

1 cucharadita de chile en polvo

1 cucharadita de pimentón dulce

Una pizca de sal y pimienta negra.

1 cucharada de cilantro picado

Direcciones:

1. Calentar una sartén con el aceite a fuego medio, agregar la cebolla, remover y sofreír por 2 minutos.

2. Agregue el pescado y dórelo durante 2 minutos por cada lado.

3. Agregue el resto de los ingredientes, mezcle suavemente y hornee todo a 360 grados F durante 20 minutos.

4. Divida todo entre platos y sirva para el almuerzo.

Información nutricional: calorías 322, grasa 18,3, fibra 2, carbohidratos 5,8, proteína 35,7

Ingredientes de pollo relleno con queso:

2 cebolletas (cortadas escasamente)

2 jalapeños sin semillas (cortados escasamente)

1/4 taza cilantro

1 cucharadita dinamismo de lima

4 onzas. Cheddar Monterey Jack (molido grueso) 4 pechugas de pollo deshuesadas y sin piel

3 cucharadas aceite de oliva

Sal

Pimienta

3 cucharadas jugo de lima

2 pimientos rojos (finamente cortados)

1/2 cebolla morada pequeña (cortada escasamente)

5 c. lechuga romana desgarrada

Direcciones:

1. Caliente el asador a 450 ° F. En un tazón, consolide las cebolletas y los jalapeños sin semillas, 1/4 de taza de cilantro (cortado) y lima para preparar y listo, en ese punto mezcle con queso cheddar Monterey Jack.

2. Coloque la cuchilla en la pieza más gruesa de cada uno de los pechos de pollo deshuesados y sin piel y muévase de un lado a otro para hacer una cavidad de 2 1/2 pulgadas que sea tan ancha como sea posible sin experimentar. Rellena el pollo con la mezcla de queso cheddar.

3. Caliente 2 cucharadas de aceite de oliva en una sartén enorme a fuego medio.

Sazone el pollo con sal y pimienta y cocine hasta que esté más oscuro por un lado, de 3 a 4 minutos. Dé la vuelta al pollo y ase hasta que esté bien cocido, de 10 a 12 minutos.

4. Mientras tanto, en un tazón grande, mezcle el jugo de limón, 1

cucharada de aceite de oliva y 1/2 cucharadita de sal. Incluir pimientos morrones y cebolla morada y dejar reposar 10 minutos, lanzando esporádicamente. Agregue la lechuga romana y 1 taza de cilantro nuevo. Presente con pollo y gajos de lima.

Rúcula con aderezo de gorgonzola

Porciones: 4

Tiempo de cocción: 0 minutos

Ingredientes:

1 manojo de rúcula, limpia

1 pera, en rodajas finas

1 cucharada de jugo de limón fresco

1 diente de ajo magullado

1/3 taza de queso gorgonzola, desmenuzado

1/4 taza de caldo de verduras, reducido en sodio

Pimienta recién molida

4 cucharaditas de aceite de oliva

1 cucharada de vinagre de sidra

Direcciones:

1. Ponga las rodajas de pera y el jugo de limón en un bol. Mezcle para cubrir.

Coloca las rodajas de pera, junto con la rúcula, en una fuente.

2. En un tazón, combine el vinagre, el aceite, el queso, el caldo, la pimienta y el ajo. Dejar actuar 5 minutos, retirar los ajos. Ponga el aderezo, luego sirva.

Información nutricional: Calorías 145 Carbohidratos: 23 g Grasas: 4 g Proteínas: 6 g

Porciones de sopa de repollo

Porciones: 6

Tiempo de cocción: 35 minutos

Ingredientes:

1 cebolla amarilla picada

1 repollo verde, rallado

2 cucharadas de aceite de oliva

5 tazas de caldo de verduras

1 zanahoria, pelada y rallada

Una pizca de sal y pimienta negra.

1 cucharada de cilantro picado

2 cucharaditas de tomillo picado

½ cucharadita de pimentón ahumado

½ cucharadita de pimentón picante

1 cucharada de jugo de limón

Porciones de arroz con coliflor

Porciones: 4

Tiempo de cocción: 10 minutos

Ingredientes:

¼ taza de aceite de cocina

1 cucharada. Aceite de coco

1 cucharada. Azúcar de coco

4 tazas de coliflor, desmenuzada en floretes ½ cucharadita. Sal

Direcciones:

1. Primero, procese la coliflor en un procesador de alimentos y procese durante 1 a 2 minutos.

2. Caliente el aceite en una sartén grande a fuego medio, luego vierta la coliflor con arroz, el azúcar de coco y la sal en la sartén.

3. Combínelas bien y cocínelas de 4 a 5 minutos o hasta que la coliflor esté ligeramente blanda.

4. Finalmente, vierte la leche de coco y disfrútala.

<u>Información nutricional:</u> Calorías 108 Kcal Proteínas: 27,1 g Carbohidratos: 11 g Grasas: 6 g

Porciones de queso feta frittata y espinacas

Porciones: 4

Tiempo de cocción: 10 minutos

Ingredientes:

½ cebolla morada pequeña

250g de espinacas tiernas

½ taza de queso feta

1 cucharada de pasta de ajo

4 huevos batidos

Mezcla de condimentos

Sal y Pimienta al gusto

1 cucharada de aceite de oliva

Direcciones:

1. Añada una cebolla finamente picada en aceite y cocínela a fuego medio.

2. Agregue la espinaca en las cebollas de color marrón claro y revuelva durante 2 min.

3. En los huevos, agregue la mezcla de espinaca fría y cebolla.

4. Ahora agregue la pasta de ajo, sal y pimienta y mezcle la mezcla.

5. Cocine esta mezcla a fuego lento y revuelva los huevos suavemente.

6. Agregue queso feta a los huevos y coloque la sartén debajo de la parrilla ya precalentada.

7. Cocine durante casi 2 a 3 minutos hasta que la frittata esté dorada.

8. Sirva esta frittata de queso feta caliente o fría.

Información nutricional: Calorías 210 Carbohidratos: 5 g Grasas: 14 g Proteínas: 21 g

Ingredientes de las pegatinas de olla de pollo ardiente:

1 libra de pollo molido

1/2 taza de repollo rallado

1 zanahoria, pelada y destruida

2 dientes de ajo, exprimidos

2 cebollas verdes, cortadas escasamente

1 cucharada de salsa de soja disminuida en sodio

1 cucharada de salsa hoisin

1 cucharada de jengibre molido naturalmente

2 cucharaditas de aceite de sésamo

1/4 de cucharadita de pimienta blanca molida

Envoltorios de 36 wones

2 cucharadas de aceite vegetal

PARA LA SALSA DE ACEITE DE CHILE PICANTE:

1/2 taza de aceite vegetal

1/4 taza de chiles rojos secos, aplastados

2 dientes de ajo picados

Direcciones:

1. Caliente el aceite vegetal en una sartén pequeña a fuego medio. Mezcle los pimientos machacados y el ajo, mezclando de vez en cuando, hasta que el aceite llegue a 180 grados F, alrededor de 8-10 minutos; poner en un lugar seguro.

2. En un tazón enorme, unir el pollo, el repollo, la zanahoria, el ajo, las cebolletas, la salsa de soja, la salsa hoisin, el jengibre, el aceite de sésamo y la pimienta blanca.

3. Para recoger las albóndigas, coloque los envoltorios sobre una superficie de trabajo.

Vierta 1 cucharada de la mezcla de pollo en el punto focal de cada envoltorio. Con el dedo, frote los bordes de las envolturas con agua. Doble la mezcla sobre el relleno para formar una media luna, apretando los bordes para sellar.

4. Caliente el aceite vegetal en una sartén grande a fuego medio.

Incluya calcomanías para ollas en una capa solitaria y cocine hasta que estén brillantes y frescas, alrededor de 2-3 minutos por cada lado.

5. Sirva rápidamente con salsa de aceite para guisado caliente.

Camarones al ajillo con coliflor arenilla

Porciones: 2

Tiempo de cocción: 15 minutos

Ingredientes:

Para preparar camarones

1 libra de camarones

2-3 cucharadas de condimento cajún

Sal

1 cucharada de mantequilla / ghee

Para preparar sémola de coliflor

2 cucharadas de mantequilla clarificada

12 onzas de coliflor

1 diente de ajo

Sal al gusto

Direcciones:

1. Hervir la coliflor y el ajo en 8 onzas de agua a fuego medio hasta que estén tiernos.

2. Mezcle la coliflor tierna en el procesador de alimentos con ghee. Agregue agua humeante gradualmente para obtener la consistencia adecuada.

3. Espolvoree 2 cucharadas de condimento cajún sobre los camarones y déjelos marinar.

4. En una sartén grande, tome 3 cucharadas de ghee y cocine los camarones a fuego medio.

5. Coloque una cucharada grande de sémola de coliflor en un tazón y cubra con los camarones fritos.

Información nutricional: Calorías 107 Carbohidratos: 1 g Grasas: 3 g Proteínas: 20 g

Atún con brócoli

Porciones: 1

Tiempo de cocción: 10 minutos

Ingredientes:

1 cucharadita Aceite de oliva virgen extra

3 onzas. Atún en agua, preferiblemente ligero y con trozos, escurrido 1 cucharada. Nueces picadas en trozos grandes

2 tazas de brócoli, picado finamente

½ cucharadita Salsa picante

Direcciones:

1. Comience mezclando el brócoli, el condimento y el atún en un tazón grande hasta que estén bien combinados.

2. Luego, cocine en el microondas las verduras en el horno durante 3 minutos o hasta que estén tiernas.

3. Luego, agregue las nueces y el aceite de oliva al tazón y mezcle bien.

4. Sirve y disfruta.

<u>Información nutricional:</u> Calorías 259 Kcal Proteínas: 27,1 g Carbohidratos: 12,9 g Grasas: 12,4 g

Sopa de calabaza butternut con camarones

Porciones: 4

Tiempo de cocción: 20 minutos

Ingredientes:

3 cucharadas de mantequilla sin sal

1 cebolla morada pequeña, finamente picada

1 diente de ajo en rodajas

1 cucharadita de cúrcuma

1 cucharadita de sal

¼ de cucharadita de pimienta negra recién molida

3 tazas de caldo de verduras

2 tazas de calabaza pelada cortada en dados de ¼ de pulgada 1 libra de camarones pelados cocidos, descongelados si es necesario 1 taza de leche de almendras sin azúcar

¼ de taza de almendras en rodajas (opcional)

2 cucharadas de perejil de hoja plana fresco finamente picado 2 cucharaditas de ralladura de limón rallada o picada

Direcciones:

1. Disuelva la mantequilla a fuego alto en una olla grande.

2. Agregue la cebolla, el ajo, la cúrcuma, la sal y la pimienta y saltee hasta que las verduras estén suaves y translúcidas, de 5 a 7 minutos.

3. Agregue el caldo y la calabaza y hierva.

4. Cocine a fuego lento dentro de los 5 minutos.

5. Agregue los camarones y la leche de almendras y cocine hasta que se caliente durante unos 2 minutos.

6. Espolvoree con las almendras (si se usa), el perejil y la ralladura de limón y sirva.

Información nutricional: Calorías 275 Grasa total: 12 g Carbohidratos totales: 12 g Azúcar: 3 g Fibra: 2 g Proteína: 30 g Sodio: 1665 mg

Sabrosas bolas de pavo al horno Porciones: 6

Tiempo de cocción: 30 minutos

Ingredientes:

1 libra de pavo molido

½ taza de pan rallado fresco, blanco o integral ½ taza de queso parmesano, recién rallado

½ cucharada albahaca, recién picada

½ cucharada orégano, recién picado

1 pieza de huevo grande, batido

1 cucharada. perejil, recién picado

3 cucharadas de leche o agua

Una pizca de sal y pimienta

Una pizca de nuez moscada recién rallada

Direcciones:

1. Precaliente su horno a 350 ° F.

2. Cubra dos moldes para hornear con papel pergamino.

3. Agregue todos los ingredientes en un tazón grande para mezclar.

4. Forme bolas de 1 pulgada con la mezcla y coloque cada bola en el molde para hornear.

5. Pon la sartén en el horno.

6. Hornee durante 30 minutos o hasta que el pavo se cocine por completo y las superficies se pongan marrones.

7. Voltee las albóndigas una vez a la mitad de la cocción.

<u>Información nutricional:</u> Calorías: 517 CalFat: 17,2 g Proteínas: 38,7 g Carbohidratos: 52,7 g Fibra: 1 g

Porciones de sopa clara de almejas

Porciones: 4

Tiempo de cocción: 15 minutos

Ingredientes:

2 cucharadas de mantequilla sin sal

2 zanahorias medianas, cortadas en trozos de ½ pulgada

2 tallos de apio, en rodajas finas

1 cebolla morada pequeña, cortada en dados de ¼ de pulgada

2 dientes de ajo, en rodajas

2 tazas de caldo de verduras

1 botella (8 onzas) de jugo de almejas

1 lata (10 onzas) de almejas

½ cucharadita de tomillo seco

½ cucharadita de sal

¼ de cucharadita de pimienta negra recién molida

Direcciones:

1. Disuelva la mantequilla en una olla grande, a fuego alto.

2. Agregue las zanahorias, el apio, la cebolla y el ajo y saltee hasta que se ablanden un poco de 2 a 3 minutos.

3. Agregue el caldo y el jugo de almejas y hierva.

4. Cocine a fuego lento y cocine hasta que las zanahorias estén suaves, de 3 a 5 minutos.

5. Agregue las almejas y su jugo, el tomillo, la sal y la pimienta, caliente de 2 a 3 minutos y sirva.

Información nutricional: Calorías 156 Grasa total: 7 g Carbohidratos totales: 7 g Azúcar: 3 g Fibra: 1 g Proteína: 14 g Sodio: 981 mg

Porciones de arroz y pollo en olla

Porciones: 4

Tiempo de cocción: 25 minutos

Ingredientes:

1 libra de pechuga de pollo de corral, deshuesada y sin piel ¼ taza de arroz integral

¾ lb. de champiñones a elección, en rodajas

1 puerro picado

¼ de taza de almendras picadas

1 taza de agua

1 cucharada. aceite de oliva

1 taza de judías verdes

½ taza de vinagre de sidra de manzana

2 cucharadas. harina para todo uso

1 taza de leche baja en grasa

¼ taza de queso parmesano, recién rallado

¼ taza de crema agria

Una pizca de sal marina, agregue más si es necesario

pimienta negra molida, al gusto

Direcciones:

1. Vierta el arroz integral en una olla. Agrega agua. Cubra y deje hervir. Baje el fuego, luego cocine a fuego lento durante 30 minutos o hasta que el arroz esté cocido.

2. Mientras tanto, en una sartén, agregue la pechuga de pollo y vierta suficiente agua para cubrir, sazone con sal. Hervir la mezcla, luego reducir el fuego y dejar hervir a fuego lento durante 10 minutos.

3. Triture el pollo. Dejar de lado.

4. Calentar el aceite de oliva. Cocine los puerros hasta que estén tiernos. Agrega los champiñones.

5. Vierta vinagre de sidra de manzana en la mezcla. Sofreír la mezcla hasta que el vinagre se haya evaporado. Agregue la harina y la leche en la sartén.

Espolvoree queso parmesano y agregue crema agria. Sazone con pimienta negra.

6. Precaliente el horno a 350 grados F. Engrase ligeramente una cacerola con aceite.

7. Unte el arroz cocido en la cazuela, luego el pollo desmenuzado y las judías verdes encima. Agregue la salsa de champiñones y puerros.

Pon las almendras encima.

8. Hornee dentro de los 20 minutos o hasta que estén doradas. Deje enfriar antes de servir.

Información nutricional: Calorías 401 Carbohidratos: 54 g Grasas: 12 g Proteínas: 20 g

Jambalaya Jumble de camarones salteados

Porciones: 4

Tiempo de cocción: 30 minutos

Ingredientes:

10 onzas. camarones medianos, pelados

¼ de taza de apio picado ½ taza de cebolla picada

1 cucharada. aceite o mantequilla ¼ de cucharadita de ajo picado

¼ de cucharadita de sal de cebolla o sal marina

⅓ taza de salsa de tomate ½ cucharadita de pimentón ahumado

½ cucharadita de salsa Worcestershire

⅔ de taza de zanahorias picadas

1¼ tazas de salchicha de pollo, precocida y cortada en cubitos 2 tazas de lentejas, remojadas durante la noche y precocida 2 tazas de okra, picada

Una pizca de pimiento rojo triturado y queso parmesano de pimienta negra, rallado para cubrir (opcional) Direcciones:

1. Saltee los camarones, el apio y la cebolla con aceite en una sartén colocada a fuego medio-alto durante cinco minutos, o hasta que los camarones se pongan rosados.

2. Agregue el resto de los ingredientes y saltee durante 10

minutos, o hasta que las verduras estén tiernas.

3. Para servir, divida la mezcla de jambalaya en partes iguales entre cuatro tazones para servir.

4. Cubra con pimienta y queso, si lo desea.

<u>Información nutricional:</u> Calorías: 529 Grasa: 17,6 g Proteína: 26,4 g Carbohidratos: 98,4 g Fibra: 32,3 g

Porciones de pollo con chile

Porciones: 6

Tiempo de cocción: 1 hora

Ingredientes:

1 cebolla amarilla picada

2 cucharadas de aceite de oliva

2 dientes de ajo picados

1 libra de pechuga de pollo, sin piel, deshuesada y en cubos 1 pimiento verde picado

2 tazas de caldo de pollo

1 cucharada de cacao en polvo

2 cucharadas de chile en polvo

1 cucharadita de pimentón ahumado

1 taza de tomates enlatados, picados

1 cucharada de cilantro picado

Una pizca de sal y pimienta negra.

Direcciones:

1. Calentar una olla con el aceite a fuego medio, agregar la cebolla y el ajo y sofreír por 5 minutos.

2. Agrega la carne y dórala por 5 minutos más.

3. Agregue el resto de los ingredientes, mezcle, cocine a fuego medio durante 40 minutos.

4. Divida el chile en tazones y sirva para el almuerzo.

Información nutricional: calorías 300, grasa 2, fibra 10, carbohidratos 15, proteína 11

Porciones de sopa de ajo y lentejas

Porciones: 4

Tiempo de cocción: 15 minutos

Ingredientes:

2 cucharadas de aceite de oliva extra virgen

2 zanahorias medianas, en rodajas finas

1 cebolla blanca pequeña, cortada en dados de ¼ de pulgada

2 dientes de ajo, en rodajas finas

1 cucharadita de canela en polvo

1 cucharadita de sal

¼ de cucharadita de pimienta negra recién molida

3 tazas de caldo de verduras

1 lata (15 onzas) de lentejas, escurridas y enjuagadas 1 cucharada de ralladura de naranja picada o rallada

¼ de taza de nueces picadas (opcional)

2 cucharadas de perejil fresco de hoja plana finamente picado Direcciones:

1. Caliente el aceite a fuego alto en una olla grande.

2. Ponga las zanahorias, la cebolla y el ajo y saltee hasta que se ablanden, de 5 a 7

minutos.

3. Ponga la canela, la sal y la pimienta y revuelva para cubrir las verduras, de 1 a 2 minutos uniformemente.

4. Poner el caldo y hervir. Cocine a fuego lento, luego ponga las lentejas y cocine hasta 1 minuto.

5. Agregue la ralladura de naranja y sirva, espolvoreado con las nueces (si las usa) y el perejil.

Información nutricional: Calorías 201 Grasa total: 8 g Carbohidratos totales: 22 g Azúcar: 4 g Fibra: 8 g Proteína: 11 g Sodio: 1178 mg

Zesty Zucchini & Chicken In Classic Santa Fe Stir-fry (Salteado clásico de Santa Fe)

Porciones: 2

Tiempo de cocción: 15 minutos

Ingredientes:

1 cucharada. aceite de oliva

2 piezas de pechugas de pollo, en rodajas

1 pieza de cebolla, pequeña, cortada en cubitos

2 dientes de ajo, picados 1 pieza de calabacín, cortados en cubitos ½ taza de zanahorias, ralladas

1 cucharadita de pimentón ahumado 1 cucharadita de comino molido

½ cucharadita de chile en polvo ¼ de cucharadita de sal marina

2 cucharadas. jugo de limón fresco

¼ de taza de cilantro recién picado

Arroz integral o quinua, al servir

Direcciones:

1. Saltee el pollo con aceite de oliva durante unos 3 minutos hasta que se dore. Dejar de lado.

2. Utilice el mismo wok y agregue la cebolla y el ajo.

3. Cocine hasta que la cebolla esté tierna.

4. Agregue las zanahorias y el calabacín.

5. Revuelva la mezcla y cocine más durante aproximadamente un minuto.

6. Agregue todos los condimentos a la mezcla y revuelva para cocinar por un minuto más.

7. Regrese el pollo al wok y vierta el jugo de limón.

8. Revuelva para cocinar hasta que todo se cocine bien.

9. Para servir, coloque la mezcla sobre arroz cocido o quinua y cubra con el cilantro recién picado.

Información nutricional: Calorías: 191 Grasa: 5,3 g Proteína: 11,9 g Carbohidratos: 26,3 g Fibra: 2,5 g

Tacos de tilapia con impresionante ensalada de jengibre y sésamo

Porciones: 4

Tiempo de cocción: 5 horas.

Ingredientes:

1 cucharadita de jengibre fresco rallado

Sal y pimienta negra recién molida al gusto 1 cucharadita de stevia

1 cucharada de salsa de soja

1 cucharada de aceite de oliva

1 cucharada de jugo de limón

1 cucharada de yogur natural

1½ libras de filetes de tilapia

1 taza de mezcla para ensalada de col

Direcciones:

1. Encienda la olla instantánea, agregue todos los ingredientes, excepto los filetes de tilapia y la mezcla de ensalada de col, y revuelva hasta que estén bien combinados.

2. Luego agregue los filetes, mezcle hasta que estén bien cubiertos, cierre con la tapa, presione el

botón de 'cocción lenta' y cocine durante 5 horas, volteando los filetes a la mitad.

3. Cuando esté listo, transfiera los filetes a un plato y déjelos enfriar por completo.

4. Para preparar la comida, distribuya la mezcla de ensalada de col entre cuatro recipientes herméticos, agregue tilapia y refrigere hasta por tres días.

5. Cuando esté listo para comer, vuelva a calentar la tilapia en el microondas hasta que esté caliente y luego sírvala con ensalada de col.

Información nutricional: Calorías 278, Grasa total 7.4g, Carbohidratos totales 18.6g, Proteína 35.9g, Azúcar 1.2g, Fibra 8.2g, Sodio 194mg

Estofado de lentejas al curry

Porciones: 4

Tiempo de cocción: 15 minutos

Ingredientes:

1 cucharada de aceite de oliva

1 cebolla picada

2 dientes de ajo picados

1 cucharada de condimento de curry orgánico

4 tazas de caldo de verduras orgánico bajo en sodio 1 taza de lentejas rojas

2 tazas de calabaza, cocida

1 taza de col rizada

1 cucharadita de cúrcuma

Sal marina al gusto

Direcciones:

1. Sofreír el aceite de oliva con la cebolla y el ajo en una olla grande a fuego medio, agregar. Saltee durante 3 minutos.

2. Agregue el condimento de curry orgánico, el caldo de verduras y las lentejas, y deje hervir. Cocine durante 10 minutos.

3. Agregue la calabaza cocida y la col rizada.

4. Agregue la cúrcuma y la sal marina al gusto.

5. Sirva caliente.

<u>Información nutricional:</u> Carbohidratos totales 41 g Fibra dietética: 13 g Proteínas: 16 g Grasas totales: 4 g Calorías: 252

Ensalada César De Col Rizada Con Wrap De Pollo A La Parrilla

Porciones: 2

Tiempo de cocción: 20 minutos

Ingredientes:

6 tazas de col rizada, cortada en trozos pequeños del tamaño de un bocado

½ huevo cocido; cocido

8 onzas de pollo a la parrilla, en rodajas finas

½ cucharadita de mostaza de Dijon

¾ taza de queso parmesano, finamente rallado

pimienta negro

sal kosher

1 diente de ajo picado

1 taza de tomates cherry, cortados en cuartos

1/8 taza de jugo de limón, recién exprimido

2 tortillas grandes o dos panes planos Lavash

1 cucharadita de agave o miel

1/8 taza de aceite de oliva

Direcciones:

1. Combine la mitad del huevo cocido con mostaza, ajo picado, miel, aceite de oliva y jugo de limón en un tazón grande para mezclar. Batir hasta obtener una consistencia similar al aderezo. Sazone con pimienta y sal al gusto.

2. Agregue los tomates cherry, el pollo y la col rizada; revuelva suavemente hasta que esté bien cubierto con el aderezo y luego agregue ¼ de taza de parmesano.

3. Extienda los panes planos y distribuya uniformemente la ensalada preparada encima de los rollitos; espolvoree cada uno con aproximadamente ¼ de taza de parmesano.

4. Enrolle las envolturas y córtelas por la mitad. Sirva inmediatamente y disfrute.

Información nutricional: kcal 511 Grasas: 29 g Fibra: 2,8 g Proteínas: 50 g

Ensalada de frijoles y espinacas Porciones: 1

Tiempo de cocción: 5 minutos

Ingredientes:

1 taza de espinaca fresca

¼ de taza de frijoles negros enlatados

½ taza de garbanzos enlatados

½ taza de champiñones cremini

2 cucharadas de vinagreta balsámica orgánica 1 cucharada de aceite de oliva

Direcciones:

1. Cocine los champiñones cremini con el aceite de oliva a fuego lento, medio durante 5 minutos, hasta que estén ligeramente dorados.

2. Ensamble la ensalada agregando las espinacas frescas en un plato y cubriéndola con los frijoles, los champiñones y la vinagreta balsámica.

Información nutricional: Carbohidratos totales 26 g Fibra dietética: 8 g Proteína: 9 g Grasa total: 15 g Calorías: 274

Salmón en costra con nueces y romero

Porciones: 6

Tiempo de cocción: 20 minutos

Ingredientes:

1 diente de ajo picado

1 cucharada de mostaza de Dijon

¼ de cucharada de ralladura de limón

1 cucharada de jugo de limón

1 cucharada de romero fresco

1/2 cucharada de miel

Aceite de oliva

Perejil fresco

3 cucharadas de nueces picadas

1 libra de salmón sin piel

1 cucharada de pimiento rojo fresco triturado

Sal pimienta

Rodajas de limón para decorar

3 cucharadas de pan rallado Panko

1 cucharada de aceite de oliva extra virgen

Direcciones:

1. Extienda la bandeja para hornear en el horno y precaliéntela a 240ºC.

2. En un bol, mezcle la pasta de mostaza, el ajo, la sal, el aceite de oliva, la miel, el jugo de limón, el pimiento rojo triturado, el romero y la miel de pus.

3. Combine el panko, las nueces y el aceite y esparza una rodaja fina de pescado en la bandeja para hornear. Rocíe aceite de oliva por igual en ambos lados del pescado.

4. Coloque la mezcla de nueces sobre el salmón con la mezcla de mostaza encima.

5. Hornea el salmón casi por 12 minutos. Adorne con perejil fresco y rodajas de limón y sírvalo caliente.

Información nutricional: Calorías 227 Carbohidratos: 0 g Grasas: 12 g Proteínas: 29 g

Camote al horno con salsa roja Tahini

Porciones: 4

Tiempo de cocción: 30 minutos

Ingredientes:

15 onzas de garbanzos enlatados

4 batatas medianas

½ cucharada de aceite de oliva

1 pizca de sal

1 cucharada de jugo de lima

1/2 cucharada de comino, cilantro y pimentón en polvo para salsa de ajo y hierbas

¼ de taza de salsa tahini

½ cucharada de jugo de lima

3 dientes de ajo

Sal al gusto

Direcciones:

1. Precalentar el horno a 204 ° C. Mezcle los garbanzos con sal, especias y aceite de oliva. Extiéndalos sobre la hoja de aluminio.

2. Unte las rodajas finas de camote con aceite y colóquelas sobre frijoles marinados y hornee.

3. Para la salsa, mezcle todas las guarniciones en un bol. Agregue un poco de agua, pero manténgala espesa.

4. Retire las batatas del horno después de 25 minutos.

5. Adorne esta ensalada de garbanzos de camote al horno con salsa de ajo picante.

Información nutricional: Calorías 90 Carbohidratos: 20 g Grasas: 0 g Proteínas: 2 g

Porciones de sopa italiana de calabaza de verano

Porciones: 4

Tiempo de cocción: 15 minutos

Ingredientes:

3 cucharadas de aceite de oliva extra virgen

1 cebolla morada pequeña, finamente rebanada

1 diente de ajo picado

1 taza de calabacín rallado

1 taza de calabaza amarilla rallada

½ taza de zanahoria rallada

3 tazas de caldo de verduras

1 cucharadita de sal

2 cucharadas de albahaca fresca finamente picada

1 cucharada de cebollino fresco finamente picado

2 cucharadas de piñones

Direcciones:

1. Caliente el aceite a fuego alto en una olla grande.

2. Ponga la cebolla y el ajo y saltee hasta que se ablanden, de 5 a 7 minutos.

3. Agregue el calabacín, la calabaza amarilla y la zanahoria y saltee hasta que se ablanden, de 1 a 2 minutos.

4. Agregue el caldo y la sal y hierva. Cocine a fuego lento dentro de 1 a 2 minutos.

5. Agregue la albahaca y el cebollino y sirva, espolvoreado con los piñones.

Información nutricional: Calorías 172 Grasa total: 15 g Carbohidratos totales: 6 g Azúcar: 3 g Fibra: 2 g Proteína: 5 g Sodio: 1170 mg

Porciones de sopa de azafrán y salmón

Porciones: 4

Tiempo de cocción: 20 minutos

Ingredientes:

¼ taza de aceite de oliva extra virgen

2 puerros, solo las partes blancas, en rodajas finas

2 zanahorias medianas, en rodajas finas

2 dientes de ajo, en rodajas finas

4 tazas de caldo de verduras

1 libra de filetes de salmón sin piel, cortados en trozos de 1 pulgada 1 cucharadita de sal

¼ de cucharadita de pimienta negra recién molida

¼ de cucharadita de hebras de azafrán

2 tazas de espinacas tiernas

½ taza de vino blanco seco

2 cucharadas de cebolletas picadas, tanto la parte blanca como la verde 2 cucharadas de perejil fresco de hoja plana finamente picado <u>Direcciones:</u>

1. Caliente el aceite a fuego alto en una olla grande.

2. Agregue los puerros, las zanahorias y el ajo y saltee hasta que se ablanden, de 5 a 7

minutos.

3. Poner el caldo y hervir.

4. Cocine a fuego lento y agregue el salmón, la sal, la pimienta y el azafrán. Cocine hasta que el salmón esté bien cocido, unos 8 minutos.

5. Agregue las espinacas, el vino, las cebolletas y el perejil y cocine hasta que las espinacas se ablanden, de 1 a 2 minutos, y sirva.

<u>Información nutricional:</u> Calorías 418 Grasa total: 26 g Carbohidratos totales: 13 g Azúcar: 4 g Fibra: 2 g Proteína: 29 g Sodio: 1455 mg

Sopa de champiñones y camarones picantes y agrios con sabor tailandés

Porciones: 6

Tiempo de cocción: 38 minutos

Ingredientes:

3 cucharadas de mantequilla sin sal

1 libra de camarones, pelados y desvenados

2 cucharaditas de ajo picado

Trozo de raíz de jengibre de 1 pulgada, pelado

1 cebolla mediana, cortada en cubitos

1 chile rojo tailandés, picado

1 tallo de limoncillo

½ cucharadita de ralladura de lima fresca

Sal y pimienta negra recién molida, al gusto 5 tazas de caldo de pollo

1 cucharada de aceite de coco

½ libra de champiñones cremini, cortados en rodajas

1 calabacín verde pequeño

2 cucharadas de jugo de lima fresco

2 cucharadas de salsa de pescado

¼ manojo de albahaca tailandesa fresca, picada

¼ manojo de cilantro fresco picado

Direcciones:

1. Tome una olla grande, colóquela a fuego medio, agregue la mantequilla y cuando se derrita agregue los camarones, el ajo, el jengibre, la cebolla, los chiles, el limoncillo y la ralladura de lima, sazone con sal y pimienta negra y cocine por 3 minutos.

2. Vierta el caldo, cocine a fuego lento durante 30 minutos y luego cuele.

3. Tome una sartén grande a fuego medio, agregue el aceite y cuando esté caliente, agregue los champiñones y el calabacín, sazone más con sal y pimienta negra y cocine por 3 minutos.

4. Agregue la mezcla de camarones en la sartén, cocine a fuego lento durante 2 minutos, rocíe con jugo de limón y salsa de pescado y cocine por 1 minuto.

5. Pruebe para ajustar el condimento, luego retire la sartén del fuego, decore con cilantro y albahaca y sirva.

Información nutricional: Calorías 223, Grasa total 10,2 g, Carbohidratos totales 8,7 g, Proteína 23 g, Azúcar 3,6 g, Sodio 1128 mg

Orzo con tomates secos Ingredientes:

1 libra de pechugas de pollo deshuesadas y sin piel, cortadas en cubitos de 3/4 de pulgada

1 cucharada + 1 cucharadita de aceite de oliva

Sal y pimienta oscura molida crujiente

2 dientes de ajo picados

1/4 taza (8 oz) de pasta orzo seca

2 3/4 tazas de caldo de pollo bajo en sodio, en ese punto más variado (no utilice jugos comunes, será excesivamente salado) 1/3 taza de partes de tomate deshidratado rellenas de aceite con hierbas (alrededor de 12 partes. Sacuda una porción del aceite en abundancia), finamente picado en un procesador de alimentos

1/2 - 3/4 taza de queso cheddar parmesano finamente destruido, al gusto 1/3 taza de albahaca crujiente cortada

Direcciones:

1. Caliente 1 cucharada de aceite de oliva en un recipiente para saltear a fuego medio-alto.

2. Una vez que esté reluciente, incluya el pollo, sazone suavemente con sal y pimienta y cocine hasta que esté brillante, alrededor de 3 minutos en ese

punto, gire hacia los lados inversos y cocine hasta que tenga un color oscuro brillante y esté bien cocido, alrededor de 3 minutos. Mueva el pollo a un plato, extiéndalo con papel de aluminio para mantenerlo caliente.

3. Incluya 1 cucharadita de aceite de oliva para saltear el plato; en ese punto, incluya el ajo y saltee durante 20 segundos, o solo hasta que esté delicadamente brillante, en ese momento vierta los jugos de pollo mientras raspa los trozos cocidos de la base de la sartén.

4. Caliente el caldo hasta el punto de ebullición en ese punto, incluya la pasta orzo, reduzca el calor a una sartén mediana con la tapa y deje burbujear delicadamente 5 minutos en ese punto, revele, mezcle y siga burbujeando hasta que el orzo esté delicado, alrededor de 5 minutos más tiempo, mezclando a veces (no se preocupe si todavía hay un poco de jugo, le dará un poco de picadura).

5. Cuando la pasta se haya cocido completamente, arroje el pollo con orzo en ese punto, extráigalo del fuego. Incluya queso cheddar parmesano y mezcle hasta que se disuelva, en ese punto agregue los tomates secados al sol, la albahaca y sazone

con pimienta (no debe necesitar sal, pero incluya un poco en caso de que crea que la necesita).

6. Agregue más jugos para diluir cuando quiera (a medida que la pasta descanse absorberá abundancia de líquido y lo disfruté con algo de sobreabundancia, así que incluí algo más). Sirva caliente.

Porciones de sopa de champiñones y remolacha

Porciones: 4

Tiempo de cocción: 40 minutos

Ingredientes:

2 cucharadas de aceite de oliva

1 cebolla amarilla picada

2 remolachas, peladas y cortadas en cubos grandes

1 libra de champiñones blancos, en rodajas

2 dientes de ajo picados

1 cucharada de pasta de tomate

5 tazas de caldo de verduras

1 cucharada de perejil picado

Direcciones:

1. Calentar una olla con el aceite a fuego medio, agregar la cebolla y el ajo y sofreír por 5 minutos.

2. Agregue los champiñones, revuelva y saltee por 5 minutos más.

3. Agregue la remolacha y los demás ingredientes, lleve a fuego lento y cocine a fuego medio durante 30 minutos más, revolviendo de vez en cuando.

4. Sirva la sopa en tazones y sírvala.

Información nutricional: calorías 300, grasa 5, fibra 9, carbohidratos 8, proteína 7

Ingredientes de albóndigas de pollo y parmesano:

2 libras de pollo molido

3/4 taza de pan rallado panko panko sin gluten funcionará bien 1/4 taza de cebolla finamente picada

2 cucharadas de perejil picado

2 dientes de ajo picados

levántate y listo de 1 limón pequeño alrededor de 1 cucharadita 2 huevos

3/4 taza de queso pecorino romano o queso parmesano rallado 1 cucharadita de sal genuina

1/2 cucharadita de pimienta oscura molida crujiente

1 cuarto de salsa marinara de cinco minutos

4-6 onzas de mozzarella cortada crujiente

Direcciones:

1. Precaliente la estufa a 400 grados, colocando la parrilla en el tercio superior del asador. En un bol grande, unir todo menos la marinara y la mozzarella. Combine suavemente, utilizando sus manos o una cuchara enorme. Saque y forme pequeñas albóndigas y colóquelas en una hoja

calefactora forrada con papel de aluminio. Ubique las albóndigas genuinamente cerca una de la otra en el plato para que encajen. Vierta aproximadamente media cucharada de salsa sobre cada albóndiga. Calentar durante 15 minutos.

2. Saque las albóndigas de la estufa y aumente la temperatura del asador para cocinar. Vierta media cucharada extra de salsa sobre cada albóndiga y cubra con un cuadradito de mozzarella. (Corté los cortes ligeros en trozos de alrededor de 1 "cuadrado.) Ase 3 minutos más, hasta que el queso cheddar se haya ablandado y se vuelva brillante. Preséntelo con salsa extra.

¡Apreciado!

Ingredientes de Albóndigas Alla Parmigiana:

Para las albóndigas

1.5 libras de hamburguesa molida (80/20)

2 cucharadas de perejil crujiente, picado

3/4 taza de queso cheddar de parmesano molido

1/2 taza de harina de almendras

2 huevos

1 cucharadita de sal en forma

1/4 cucharadita de pimienta oscura molida

1/4 cucharadita de ajo en polvo

1 cucharadita de gotas de cebolla secas

1/4 cucharadita de orégano seco

1/2 taza de agua tibia

Para la Parmigiana

1 taza de salsa marinara keto simple (o cualquier marinara sin azúcar adquirida localmente)

4 oz de queso cheddar de mozzarella

Direcciones:

1. Junte la totalidad de las albóndigas en un tazón grande y mezcle bien.

2. Estructurar en quince albóndigas de 2 ".

3. Prepare a 350 grados (F) durante 20 minutos O fría en una sartén enorme a fuego medio hasta que esté bien cocido. Consejo ace: pruebe a dorar en aceite de tocino en caso de que tenga alguno, incluye otro grado de sabor. Fricasseeing produce el sombreado brillante de color oscuro que aparece en las fotografías de arriba.

4. Para la Parmigiana:

5. Coloque las albóndigas cocidas en un plato apto para estufa.

6. Vierta aproximadamente 1 cucharada de salsa sobre cada albóndiga.

7. Unte con aproximadamente 1/4 oz de queso cheddar mozzarella cada uno.

8. Prepare a 350 grados (F) durante 20 minutos (40 minutos si las albóndigas están solidificadas) o hasta que estén calientes y el queso cheddar esté brillante.

9. Embellecimiento con perejil nuevo cuando se desee.

CPSIA information can be obtained
at www.ICGtesting.com
Printed in the USA
LVHW020624020322
712307LV00016B/1145